Adar B

© y testun Lyn Ebenezer 2005

Cyhoeddwyd gan Wasg y Dref Wen,
28 Ffordd yr Eglwys,
Yr Eglwys Newydd, Caerdydd CF14 2EA
Ffôn 029 20617860

Argraffwyd ym Mhrydain.

Cedwir pob hawlfraint. Ni chaiff unrhyw ran o'r
llyfr hwn ei hatgynhyrchu na'i storio mewn system
adferadwy na'i hanfon allan mewn unrhyw ffordd
na thrwy unrhyw gyfrwng electronig, peirianyddol,
llungopïo, recordio nac unrhyw ffordd arall, heb
ganiatâd ymlaen llaw gan y cyhoeddwyr.

Adar Brith

LYN EBENEZER

DREF WEN

Er cof am Cayo –
Aderyn Brith a Chyfaill

Cynnwys

Coch Bach y Bala	7
Tristan Jones	11
Gwylliaid Cochion Mawddwy	14
Betsi Cadwaladr	18
Goronwy Owen	21
Dafydd ap Siencyn	25
R. J. Lloyd Price	29
Ruth Ellis	33
Henry Morton Stanley	36
Dora Herbert Jones	39
Catrin o Ferain	43
John Tydu Jones	47
Wil Cefn Coch	51
Goronwy Rees	54
George Powell	58
Murray Humphreys	61
Joseph Jenkins	65
Mandy Rice-Davies	69
Twm Siôn Cati	73
Elizabeth Jones	76
Barti Ddu	79
Merched Beca	83
Cayo Evans	87
Jemima Nicholas	91
Dr William Price	95
Timothy John Evans	99
Dic Penderyn	103
Harri Morgan	107
John Jenkins	111
Howard Marks	115

Coch Bach y Bala

Mae'n rhyfedd fel y gall rhai pobl sy'n llwyddo i ddianc o garchar, beth bynnag fo'u troseddau, droi yn wrtharwyr, a rhai yn wir yn arwyr. Dyna i chi'r lleidr Ronnie Biggs, a George Blake yr ysbïwr wedyn. Fe'u hystyrir fel rhai sydd wedi codi dau fys ar y gyfraith. Ar droad y bedwaredd ganrif ar bymtheg roedd gan Gymru ei gwrtharwr ei hun, sef John Jones, neu Goch Bach y Bala.

Petai'r Coch Bach yn fyw heddiw, mae'n debyg y câi ei ddisgrifio fel troseddwr parhaus. Treuliodd ymhell dros hanner ei oes mewn caethiwed. Roedd yn lleidr wrth reddf ond, eto i gyd, hanner canrif ar ôl ei farw, cyfrannodd dros 70 o bobl o Gymru a Lloegr – a hyd yn oed o Ganada – tuag at garreg fedd i'w gosod uwchben un o'r cnafon mwyaf yn hanes Cymru.

Does dim cofnod o enedigaeth John Jones – dim cofnod o'r dyddiad, ei rieni na'i fan geni – ond tybir iddo gael ei eni yn 1854. Oherwydd ei enw cyffredin cafodd mwy nag un glasenw – Jac Llanfor, Coch Bach Llanfor a Choch Bach y Bala.

Pan oedd yn ifanc iawn cafwyd arwyddion o'r hyn oedd i ddod. Pan nad oedd ond yn chwe mlwydd oed cafodd ei chwipio gan yr heddlu am ladrata. Ni lwyddodd y gosb i'w atal, ac aeth ymlaen i ladrata a herwhela am weddill ei oes.

Daeth i sylw ehangach y tu allan i'w fro wedi iddo dorri i mewn i dŷ yn Llandderfel yn 1872, ac yntau tua 18 oed. Ei ysbail oedd pwrs gwag, cyllell boced a stiliwns, ac yr oedd hyn yn nodweddiadol ohono. Manion bethau a symiau cymharol bitw o arian yr oedd yn eu dwyn. Bu yn y carchar am saith wythnos cyn cael ei ddedfrydu yn y Llys Chwarter ar 16 Hydref i bedwar mis arall dan glo.

Y flwyddyn wedyn torrodd i mewn i dai yn Llandrillo ac yng Nghorwen gan ddwyn swllt, ceiniog ac allwedd yn y naill a hanner sofren, tri phisyn grôt, tri phisyn tair, ffyrling, hanner ffyrling ac allwedd yn y llall. Y tro hwn, wedi iddo gael ei ddal yn Rhiwabon, fe'i dedfrydwyd i dair blynedd o garchar am y naill drosedd a'r llall, y dedfrydau i ddilyn ei gilydd.

Erbyn 1878 roedd â'i draed yn rhydd. Cyn hir roedd wrthi eto, y tro hwn yn wynebu cyhuddiad o achosi cynnwrf gydag eraill ger tollborth y Bala. O ganlyniad, treuliodd ei seithfed Nadolig yn olynol mewn carchar.

Erbyn hyn roedd enw'r Coch Bach yn chwedl, a byddai mamau'n rhybuddio eu plant afreolus y deuai Jac Llanfor ar eu hôl. Yn 1879 fe'i cawn yng nghyffiniau Wrecsam yn cael ei arestio fel cnaf a chrwydryn. Bryd hynny treuliodd dri mis yng ngharchardai Caer a Rhuthun.

Bedwar diwrnod ar ôl cael ei ryddhau arestiwyd ef eto a'i gyhuddo o dorri i mewn i dŷ yn Llanfor a dwyn oriawr, ac iddo, ar yr un noson, dorri i mewn i dŷ yn Llanycil a dwyn deg oriawr. Roedd wedi cyrraedd Croesoswallt pan ddaliwyd ef. Cadwyd ef yng Ngharchar Rhuthun i aros y Llys Chwarter ond, cyn iddo dreulio'i wythfed Nadolig dan glo, llwyddodd i gerdded allan trwy ddrws y ffrynt ar ôl agor drws ei gell a thri drws arall. Cynigiwyd gwobr o bumpunt am

Carchar Rhuthun

wybodaeth a allai arwain at ei ddal, ac erbyn hyn roedd ei enwogrwydd wedi cyrraedd papurau newydd Lloegr.

Dangosodd y Coch ei haerllugrwydd drwy fynd adref i Lanfor. Yno torrodd rhywun i mewn i dŷ a dwyn pwrs, dwy allwedd, cyllell, punt mewn pres, tair punt mewn arian ac ymron i £40 mewn aur. Nid oedd hyn yn gyson ag arferion y Coch, ond priodolwyd lladradau eraill iddo hefyd. Daliwyd ef ym Mochdre ar 3 Ionawr 1880. Yn ei bocedi canfuwyd pum oriawr, gwn gwag, cyllell, telesgop, a dau bwrs yn cynnwys ymron i chwe phunt mewn copr, arian ac aur. Dygwyd ef gerbron ynadon y Bala yn Neuadd y Sir, a'r lle yn orlawn. Bu wrthi'n cyflwyno datganiad maith a danfonwyd ef ymlaen i'r Llys Chwarter yn Nolgellau. Yn y fan honno fe'i dedfrydwyd i bedair blynedd ar ddeg o garchar.

Treuliodd ei ddedfryd yn Pentonville ac yn Dartmoor, ond cafodd ei ryddhau yn 1891. Yna penderfynodd y byddai'n mynd i deithio'r byd. Aeth i Dde America ac yna i Antwerp cyn dychwelyd i Middlesborough. Cyn hir, fe'i gwelwyd yn Essex ac, yn amlwg, roedd ei gampau'n parhau wrth iddo gael ei gyhuddo o ddwyn oriawr gadwyn, talp o gaws a swm o arian yno. Fe'i daliwyd gan yr heddlu ond llwyddodd i ddianc am ychydig cyn cael ei ddal unwaith eto. Aethpwyd ag ef i Garchar Chelmsford tra oedd yr achos yn ei erbyn yn cael ei baratoi. Dygwyd ef o flaen y Brawdlys a dedfrydwyd ef i gyfanswm o saith mlynedd yng Ngharchar Dartmoor.

Ni chawn sôn amdano wedyn tan 1900 a hynny yn Amlwch. Dwyn o dafarn oedd y cyhuddiad yn ei erbyn yno, a dedfrydwyd ef i bum mlynedd o garchar ym Mrawdlys Biwmares. Yn 1906, wedi iddo gael ei draed yn rhydd eto, fe'i cawn ym Mhwllheli yn gweithio ar yr harbwr newydd. Ymddengys nad oedd modd iddo ymwrthod â throseddu yma ychwaith. Fe'i cyhuddwyd o drosedd nad oedd yn nodweddiadol ohono, sef ymosod ar hen wraig a dwyn deg punt oddi arni. Erbyn hyn roedd wedi treulio 35 mlynedd o'i fywyd mewn carchar ac roedd mwy yn ei aros. Ym Mrawdlys Caernarfon danfonwyd ef i Dartmoor tan 1913.

Chwe mis ar ôl iddo gael ei ryddhau cyhuddwyd ef o dorri i mewn i swyddfeydd twrnai yn y Bala. Cadwyd ef yn y ddalfa dros y Sul, ond llwyddodd i dorri twll yn wal ei gell a dianc. Fe'i daliwyd ger Llanfor. Yn y Llys Chwarter yn Nolgellau, ac yntau erbyn hyn yn drigain oed, carcharwyd ef am dair blynedd arall.

Danfonwyd y Coch i Garchar Rhuthun, ond ni fu yno'n hir iawn. Torrodd dwll drwy fur ei gell, gwnaeth raff o'i ddillad gwely a gollyngodd ei hun i lawr dros do'r capel a'r gegin a neidio i ben tas wair.

Diwrnod olaf y Coch ar y ddaear oedd 6 Hydref 1913. Roedd Reginald Jones Bateman, myfyriwr 19 oed, allan yn saethu petris ger Pwllglas. Gwelodd y Coch gerllaw a galwodd arno i ildio ond gwrthododd. Meddyliodd y llanc fod y Coch yn tynnu gwn o'i fynwes a thaniodd ato. Aeth yr ergyd trwy wythïen fawr ei goes a bu farw'r Coch o fewn munudau.

Claddwyd Coch Bach y Bala ym mynwent Llanelidan a heddiw, uwch ei gorff, saif beddfaen y talwyd amdano gan Gymry o bell ac agos.

Ai arwr oedd y Coch, ynteu dihiryn? Yn sicr, enillodd ei gamweddau ryw fath o enwogrwydd iddo, ac er na allwn honni i'r Coch Bach gyflawni dim o werth yn ei fywyd, mae ei enw'n parhau ar gof cenedl bron i ganrif wedi ei farwolaeth.

Bedd Coch Bach y Bala ym mynwent Llanelidan, ger Rhuthun.

Tristan Jones

Caiff Tristan Jones ei gydnabod fel un o'r awduron morwrol mwyaf llwyddiannus erioed. Yn awdur 16 o gyfrolau, gwerthodd ei lyfrau hunangofiannol rhwng chwech a naw mil o gopïau clawr caled yr un yng ngwledydd Prydain, a dwywaith hynny eto yn yr Unol Daleithiau. Does wybod faint a werthwyd o'i gyfrolau clawr meddal.

Erbyn iddo farw yn 1995 roedd y Cymro rhyfeddol hwn wedi sefydlu pob math ar record forwrol. Rhwng 1953 a blwyddyn ei farw roedd wedi hwylio 400,000 milltir, a chynifer â 180,000 ohonynt ar ei ben ei hun. Roedd wedi croesi'r Môr Iwerydd ugain gwaith ac wedi hwylio o amgylch y byd dair gwaith a hanner. Ef oedd y cyntaf erioed i hwylio o amgylch Gwlad yr Iâ. Ef hwyliodd bellaf i'r gogledd erioed mewn cwch hwylio. Ef dreuliodd y cyfnod hwyaf erioed ar gwch yng nghanol rhew'r Arctig. Ef oedd y cyntaf i fynd drwy Gamlas Panama mewn cwch hwyliau. Ef lwyddodd i hwylio bellaf i fyny'r Amazon. Ef oedd y cyntaf i hwylio ar ddyfroedd isaf ac uchaf y byd, sef ar y Môr Marw yn Israel ac ar Lyn Titicaca yn Bolivia. Ef oedd y cyntaf i groesi cyfandir De America a'r cyntaf erioed i hwylio ar y Mato Grosso yn Brasil.

Roedd cynnwys hunangofiannau Tristan Jones yr un mor anhygoel â'r nofelau a ysgrifennodd. Er enghraifft, fe'i ganwyd mewn storm enbyd yn 1924 ar fwrdd llong stemar oedd yn cario nwyddau oddi ar ynysoedd Tristan da Cunha. Dyna a roddodd iddo ei enw bedydd. Roedd ei wreiddiau yn ardal y Bermo, mewn pentref bach o'r enw

Llangareth. Yn ystod yr Ail Ryfel Byd bu'n rhan o rai o frwydrau mwyaf erchyll llynges Prydain. Yn wir, erbyn iddo farw yng Ngwlad Thai roedd wedi dod yn eicon i bawb a oedd â diddordeb ym maes morwriaeth, a phenderfynodd yr awdur Anthony Dalton ysgrifennu cofiant diffiniol o'r Cymro lliwgar.

Er mawr syndod iddo, canfu fod Tristan Jones wedi creu bywyd iddo'i hun a oedd yn dra gwahanol i'w fywyd go-iawn. Yn gyntaf, nid Tristan oedd ei enw o gwbl, ond Arthur. Nid oddi ar un o ynysoedd Môr Iwerydd y'i ganwyd ond mewn ysbyty yn Lerpwl, yn fab i ferch dosbarth gweithiol ddibriod o Swydd Gaerhirfryn. Fe'i magwyd nid yng nghanol cychod ond mewn cartref plant amddifad lle derbyniodd ychydig iawn o addysg, ac os oedd ei wreiddiau yn ardal y Bermo o gwbl, yn sicr nid oeddynt yn Llangareth gan nad oes y fath le yn bod.

Canfu Dalton hefyd mai yn 1929 y ganwyd Jones. Golyga hynny iddo ymuno â'r llynges flwyddyn wedi i'r rhyfel ddod i ben, gan dreulio 14 mlynedd na fuont yn gyffrous mewn unrhyw ffordd.

Ar ôl gadael y llynges prynodd Tristan Jones hen racsyn o gwch a hwyliodd am Fôr y Canoldir gan hurio'i gwch allan i unrhyw un oedd ei angen. Rhoddodd gynnig ar smyglo chwisgi ar ambell noson dywyll. Meddwai'n rheolaidd a byddai'n uchel ei gloch ac yn barod â'i ddyrnau. Eto i gyd roedd ganddo ryw bresenoldeb a wnâi i bobl wrando arno. Roedd ganddo lais hudolus – llais a gallu bardd, yn ôl rhai. Doedd ganddo ddim teulu na chysylltiadau agos a dyna, mae'n debyg, a'i gwnaeth hi'n hawdd iddo lunio bywyd ffantasi iddo'i hun a chynnal y ddelwedd honno am gyfnod mor hir.

Roedd rhai o'i ddisgrifiadau o'i fywyd yn wir. Oedd, yr oedd wedi dysgu ei hun i hwylio ac i ysgrifennu ac, yn wir, cymerodd at y ddwy grefft fel pysgodyn at ddŵr. Do, fe fu ar y Mato Grosso, a hynny pan oedd yn ei bedwardegau. Oddi yno, hwyliodd i Efrog Newydd lle, yn Greenwich Village, bu'n rhoi trefn ar ei fywyd. Neu, yn hytrach, bu'n aildrefnu ei fywyd. Dros gyfnod o dair blynedd ysgrifennodd chwe chyfrol ac yma y ganwyd y Tristan Jones chwedlonol.

Wedi iddo greu bywyd newydd iddo'i hun aeth ati i geisio byw'r bywyd hwnnw. Penderfynodd deithio'r byd er mwyn hyrwyddo'i lyfrau ac i godi arian ar gyfer mentrau newydd, ond yn 1982 cafodd ergyd drom wrth iddo golli ei goes chwith. Fe'i torrwyd i ffwrdd mor uchel â'i glun yn dilyn achludiad i'r galon a oedd yn fygythiad i'w fywyd. Serch hynny, profodd Tristan Jones nad siaradwr gwag ydoedd. Llwyddodd, ar un goes, i hwylio ar draws Môr Iwerydd, trwy rwydwaith o afonydd Ewrop ac, yn y pen draw, mor bell â Gwlad Thai er mwyn profi iddo'i hun ac i'r byd fod modd i rai o dan anfantais gorfforol barhau i fyw bywyd llawn.

Bedair blynedd yn ddiweddarach collodd ei goes dde o ganlyniad i fadredd ond parhaodd i frwydro, gan ddal i herio, a dal i hawlio campau anhygoel. Bu farw ar 21 Mehefin 1995.

Tybed, os oedd cymaint o hanesion amdano'n rai ffug, a ddylid rhoi coel ar ei honiad ei fod yn Gymro? Does dim prawf o hynny, ond mae ei gyfenw'n awgrymu hynny'n gryf. A pham honni bod yn Gymro pan allai yn hawdd fod wedi mabwysiadu cenedligrwydd llawer mwy egsotig? Yr hyn sy'n rhyfedd, erbyn iddo sylweddoli fod y diwedd yn dod, yw iddo gyfaddef i rai enghreifftiau o dwyll. Er enghraifft, roedd wedi cuddio'r ffaith ei fod yn hoyw, ond pan deimlodd nad oedd ganddo unrhyw beth i'w golli mwyach, cyfaddefodd i hynny.

Pan gyhoeddodd ei gyfrol hunangofiannol *The Incredible Voyage* yn 1977, gwnaeth hynny fel petai'n adrodd hanes ei fywyd, ond cymysgedd o'r gwir a'r hyn yr hoffai iddo fod yn wir oedd yn y gyfrol. Eto, er iddo greu bywyd dychmygol iddo'i hun, y gwir amdani yw nad oedd angen iddo ymestyn yr hanesion amdano'i hun o gwbl. Roedd yn forwr naturiol a medrus o'i gorun i'w draed, yn ysgrifennwr greddfol ac yn gryn fardd. Petai ond wedi sylweddoli hynny, roedd yn fwy o gymeriad mewn bywyd go-iawn nag ydoedd yn ei ddychymyg ac yn ei lyfrau.

Cafwyd awgrym o duedd Tristan Jones i addurno ffeithiau pan ddywedodd unwaith, 'Mae fy hanesion i gyd yn wir – ond byddaf yn eu cofio'n wahanol bob tro'. Petai wedi cael byw yn hwy a mwynhau iechyd gwell, pwy a ŵyr na fyddai wedi cyflawni'r holl anturiaethau yr honnodd iddo'u cyflawni?

Gwylliaid Cochion Mawddwy

Wrth deithio yng nghyffiniau Mawddwy yn y cyfnos llwyd olau, hawdd dychmygu herwyr yn cuddio y tu ôl i bob llwyn a choeden a chlawdd yn disgwyl am ysbail. A dyna sut oedd pethe yn yr ardal yn dilyn gwrthryfel Owain Glyndŵr.

Mawddwy oedd cadarnle'r Gwylliaid Cochion, criw o herwyr a fanteisiodd ar y lleoliad a'r dirwedd i ysbeilio a dwyn – a phan oedd angen am hynny, lladd. Oherwydd bod Mawddwy yn cwmpasu dau blwyf neu ddwy diriogaeth, a'r rheiny o dan rym awdurdodau a chyfreithiau gwahanol, peth hawdd i'r Gwylliaid oedd taro yn un plwyf a ffoi i'r llall.

Ond pwy oedd y Gwylliaid hyn a greodd y fath arswyd ac anhrefn? Gwerinwyr oedd y mwyafrif ohonynt, rhai oedd wedi cefnogi Glyndŵr gydag arfau cyntefig fel pladuriau a chrymanau, ond roedd yna hefyd fân uchelwyr yn eu plith. Yr hyn oedd yn gyffredin ymhlith y Gwylliaid oedd eu bod bellach yn ddi-eiddo. Doedd ganddynt fawr o ddewis ond byw fel herwyr yn y coedwigoedd.

Penderfynodd yr awdurdodau roi diwedd ar yr ysbeilio. O ganlyniad i Ddeddf Uno 1536, unwyd y ddwy diriogaeth, ond ni chafodd hyn fawr o effaith. Yna, ailbenodwyd Lewis Owen, neu Lewys ab Owain, o Blas-yn-dre, Dolgellau, yn Siryf Meirionnydd yn 1554. Cafodd ef a'i ddirprwy, John Brooke o Fawddwy, gyfarwyddyd i daro'r Gwylliaid yn galed, a dyna a wnaethant.

Carcharwyd a chrogwyd y Gwylliaid yn ddidrugaredd, ond dechreuodd y Barwn Owen bechu yn erbyn y mân uchelwyr lleol ac ar 12 Hydref 1555 fe'i llofruddiwyd.

Cyhuddwyd nifer o bobl naill ai o'r llofruddiaeth neu o gynorthwyo'r llofruddio, yn eu plith John Goch, John ap Llywelyn ap Rhys, Ellis ap Huw a Lowri, merch Gruffydd Llwyd o'r Brithdir. Cafodd John ap Llywelyn ap Rhys ei glirio o'r drosedd ond cafwyd Lowri'n euog a'i dedfrydu i'w chrogi. Gan ei bod hi'n feichiog, gohiriwyd y ddedfryd – ac er nad oes unrhyw dystiolaeth i brofi hynny, y tebygolrwydd yw iddi gael ei dienyddio wedi i'r baban gael ei eni.

Cyhuddwyd wyth o bobl o'r brif drosedd, y cyfan ohonynt yn cael eu disgrifio fel iwmyn. Yn ogystal â John Goch, neu John Goch ap Gruffudd ap Huw, y prif ymosodwr, cyhuddwyd Gruffudd Wyn ap Dafydd ap Gutun o'r Brithdir, Ellis ap Tudur o Nannau, Robert ap Rhys ap Hywel, Siencyn ap Einion a Dafydd Gwyn ap Gruffydd, ill tri o Fawddwy, Morris Goch o Gemaes a Ieuan Thomas o Lanwddyn.

Disgrifiwyd yn y Sesiwn Fawr sut y dioddefodd y Barwn Owen anaf marwol pan drywanodd John Goch ef â gwaywffon. Ymhlith arfau rhai o'r lleill roedd bilwg, cledd, dagr, bwa a saethau. Ymddengys mai mân uchelwyr oedd yr ymosodwyr, ond cânt eu hadnabod o hyd fel aelodau o'r Gwylliaid Cochion.

Prin yw'r dystiolaeth ysgrifenedig, ond dywed traddodiad mai dial oedd wrth wraidd llofruddio'r Barwn. Dywedir i hwnnw a'i ddynion ymosod ar y Gwylliaid ar noswyl Nadolig 1554 pan honnir i 80 o'r Gwylliaid gael eu crogi o ganghennau'r coed derw ar y Collfryn uwchlaw Rhos Goch. Roedd un ohonynt, John Goch, yn ifanc iawn ac roedd ei fam wedi ymbil am iddynt arbed ei fywyd. Crogwyd ef ac yna, yn ôl y stori, dinoethodd y fam ei bronnau gan ddweud bod y bronnau hynny wedi rhoi maeth i feibion eraill, meibion a fyddai'n golchi eu dwylo yng ngwaed calon y Barwn. Does dim tystiolaeth gadarn i hyn ddigwydd o gwbl, ond caiff yr hanes ei adrodd gan Thomas Pennant tua 1770/3 pan ysgrifennodd ei lyfr taith enwog.

Honnir i'r dial ddigwydd ddeng mis yn ddiweddarach. Roedd y Barwn a John Llwyd o Geiswyn wedi bod yn y Trallwng yn trefnu priodas ac ar eu ffordd yn ôl dros Fwlch y Fedwen. Yn sydyn disgynnodd dwy dderwen, y naill y tu blaen iddynt a'r llall o'u hôl – tacteg glasurol. Taniwyd myrdd o saethau atynt a thrawyd y Barwn ddeg ar hugain o weithiau. Gwireddwyd y felltith wrth i frodyr John Goch ymolchi yng ngwaed y Barwn a chodwyd croes yno i nodi'r fan lle bu'r Barwn farw. Enwyd y lle yn Ffridd Groes.

Erys hanes y Gwylliaid yn fyw o hyd yn y fro. Ceir nifer o enwau lleoedd sydd wedi goroesi. Un yw Cae Ann, lle dywedir i un o'r Gwylliaid, er mwyn profi ei allu â bwa a saeth, daro morwyn o'r enw Ann yn farw, a hynny o bellter anhygoel. Ym Mraichlwyd wedyn, dywedir i Wylliad brofi ei fedrusrwydd drwy daro, o'i guddfan ar draws y cwm, gosyn yr oedd hen wraig yn ei gario dan ei chesail. Dywedir bod y Gwylliaid yn arfer claddu eu meirw ar fynydd Dugoed, lle mae olion hen feddau i'w gweld o hyd; dywedir mai yno, mewn man o'r enw Pylla'r Glwferiaid, y byddai'r Gwylliaid yn trin crwyn anifeiliaid. Credir mai enw gwreiddiol Pont y Byllfa oedd Pont y Babellfa, ac mai yno y byddai'r Gwylliaid yn gwersylla. Ar Fynydd Llwyngwilym wedyn, mewn man a elwir Carneddi'r Gwragedd, ceir Pont y Gwylliaid, sef pont a ddefnyddid gan y Gwylliaid i yrru gwartheg wedi eu dwyn o ardal Llanwddyn drosti. Ceir hefyd Ffynnon y Gwylliaid a Llety'r Gwylliaid, y naill ar Fwlch y Groes a'r llall ar Fwlch Oerddrws. Un o'r enwau mwyaf diddorol yw Llety'r Lladron ar Fwlch Oerddrws, lle byddai'r Gwylliaid, yn ôl y traddodiad, yn ymosod ar deithwyr blinedig wrth iddynt ddringo'r rhiw serth. Honnir mai yn Henllys ger y Dugoed Isaf y trigai un o benaethiaid y Gwylliaid a cheir Palas y Gwylliaid, uwchlaw Ceunant Du a Stryd y Gwylliaid a Sarn y Gwylliaid gerllaw.

Mae'r hanesion am y Gwylliad olaf i'w ladd yn amrywio. Yn ôl un chwedl, digwyddodd hynny ger Caban Iddew a dywedir i'r Gwylliad druan gael ei lofruddio gan ei frawd. Dywed stori arall mai yng Ngheunant y Gwylliaid y lladdwyd yr olaf. A dywed stori arall eto i'r olaf gael ei ddal a'i ladd yn sgubor y Gwanas wedi iddo dderbyn lletygarwch gŵr o'r enw Siôn Rhydderch. Bradychwyd y Gwylliad gan ei westeiwr, ac am ganrifoedd wedyn bu dywediad mewn bri yn y cylch yn disgrifio rhywun 'mor ffals â Siôn Rhydderch'.

Betsi Cadwaladr

Pe gofynnid i unrhyw Sais gwerth ei halen pwy oedd arwres Rhyfel y Crimea, byddai'n siŵr o gyfeirio at Florence Nightingale, y foneddiges â'r lamp. Yn anffodus, dyna fyddai ateb y rhan fwyaf o Gymry hefyd gan mai prin iawn yw'r rheiny ohonom a ŵyr am wraig o'r Bala fu wrthi'n ymgeleddu clwyfedigion y rhyfel enbyd hwnnw.

Ganwyd Betsi, neu Elizabeth Davies, yn 1789, yn un o 16 o blant ar fferm Penrhiw ar gyrion y Bala. Roedd ei thad, Dafydd Cadwaladr, yn bregethwr gyda'r Methodistiaid. Pan oedd Betsi'n ferch fach, bu ei mam farw gan adael chwaer hŷn i edrych ar ôl y cartref. Mae'n debyg i'r fam, ar ei gwely angau, ymbil ar ei gŵr i beidio â phlygu ewyllys Betsi ac, yn amlwg, bu yntau'n driw i'r dymuniad hwnnw.

Doedd Betsi ddim yn hoffi'r chwaer ac aeth i fyw gyda theulu arall, sef perchnogion Penrhiw yn Plas yn Dre yn y Bala. Yno y dysgodd ddawnsio a chanu'r delyn, ond blinodd Betsi ar ei bywyd a daeth awydd arni i fynd i weld y byd. Un nos Sul, a hithau ond yn naw oed, dringodd allan drwy ffenestr a rhedodd i ffwrdd i Gaer. Roedd modryb ganddi yno, ond pan aeth Betsi ati rhoddodd ei modryb arian iddi fynd yn ôl adref i'r Bala. Cymerodd Betsi'r arian, ond yn fuan wedyn dihangodd eto gan fynd i Lerpwl y tro hwn, a chael gwaith yno fel morwyn gyda theulu cyfoethog. Roedd y teulu yma'n teithio llawer ac, yn ffodus i Betsi, roedden nhw'n mynd â'u morwyn gyda nhw. Aeth Betsi gyda'r teulu i'r Alban ac i Iwerddon yn gyntaf, ac yna i'r cyfandir, gan aros mewn dinasoedd fel Milan, Rhufain, Berlin, Vienna, Paris, Madrid, Brwsel a Fenis.

Dywedir iddi ymweld â maes brwydr Waterloo yn 1815, bedwar diwrnod yn unig wedi i'r brwydro ddod i ben, ac iddi gael ei dylanwadu'n fawr gan erchylltra'r holl filwyr clwyfedig a welodd yno. Yna penderfynodd y teulu fynd ar daith i'r India. Daeth tad Betsi i wybod ei bod hi am fynd yno ac aeth i Lerpwl i'w nôl hi adre i'r Bala. Nid arhosodd Betsi yno'n hir. Dihangodd eto, i Lundain y tro hwn, lle cafodd waith fel morwyn i gapten llong. Teithiodd gyda'r capten a'i deulu o gwmpas y byd, i Dde America, China, Tasmania, ac i India'r Gorllewin lle bu'n gwasanaethu am flynyddoedd. Un tro, bu bron i'r llong suddo mewn storm ym Mae Biscay, ac fe weithiodd Betsi'n galed yn ystod y storm honno i dynnu hwyliau'r llong i lawr. Roedd troseddwyr yn cael eu danfon i Tasmania, neu Van Diemen's Land, yn y cyfnod hwnnw, a gwelodd Betsi lawer o'r dynion hyn a'r ffordd greulon yr oeddynt yn cael eu trin.

Cofnodwyd llawer o'i hanturiaethau – hanesion a fyddai'n gweddu'n well i nofelau antur y cyfnod – gan Jane Williams, Ysgafell, un a oedd yn adnabod Betsi ac a gâi'r holl hanesion o lygad y ffynnon. Cafwyd disgrifiadau byw ganddi o fordeithiau a charwriaethau. Yn sicr, roedd Betsi'n fenyw oedd ymhell o flaen ei hamser.

Yn 1854, pan oedd Betsi'n 65 oed, penderfynodd fynd yn nyrs i Ryfel y Crimea. Cefndir y rhyfel oedd cweryl rhwng Rwsia a Phrydain, Ffrainc a Thwrci dros reolaeth y Dardanelles. Canolwyd y prif ymladd ar Sevastopol. Yn ystod y rhyfel hwn y gwelwyd ymosodiad ofer a gwallgof y Light Brigade.

Paratôdd Betsi ei hun ar gyfer y dasg drwy fynd i Ysbyty Guy's yn Llundain i weithio, ac i hyfforddi fel nyrs. Yna aeth Betsi a chriw o nyrsys i ofalu am y milwyr clwyfedig. Roedd cannoedd yn marw, llawer ohonynt yn ddiangen, oherwydd diffyg gofal meddygol. Mae'n debyg nad oedd lle i Betsi gyda Florence Nightingale yn ei hysbyty hi yn Scutari yng ngogledd Twrci. Roedd digon o nyrsys ganddi'n barod, meddai hi. Ymddengys nad oedd Florence yn hoff iawn o Betsi. Hwyrach iddi bwdu am iddi gyfarfod â rhywun oedd â chymeriad cryfach na hi, ond beth bynnag oedd yr hanes rhwng y ddwy, doedd gan Betsi ddim llawer o feddwl ohoni hithau chwaith. Dywedodd na hoffai gyfenw Florence. Gallai ddweud yn reddfol, meddai, o glywed enw rhywun, a fyddai hi'n hoffi'r person ai peidio. Prif wrthwynebiad Betsi i Florence oedd yr holl fiwrocratiaeth a greodd honno yn lle canolbwyntio ar achub bywydau, ond mae'n bosib mai rhagfarn yn erbyn y Cymry, yn dilyn cyhoeddusrwydd gwael Brad y Llyfrau Gleision, oedd y tu ôl i deimladau gelyniaethus Florence.

Roedd y milwyr clwyfedig yn Scutari yn dod yr holl ffordd o'r Crimea, taith o ymron wythnos dros y Môr Du, ac roedd llawer ohonynt yn marw ar eu ffordd i'r ysbyty. Mynnodd Betsi fynd dros y Môr Du i agor ysbyty yn Balaclafa, a doedd Florence Nightingale ddim yn hoffi hyn. Aeth Florence Nightingale i weld Betsi yn Balaclafa, ond roedd y ddwy yn parhau i fod yn elyniaethus tuag at ei gilydd. Disgrifiai Florence Betsi fel 'y fenyw wyllt yna o Gymru'.

Tra oedd gan Florence Nightingale ei morynion ei hunan, rhaid oedd i Betsi gysgu ar lawr yng nghwmni saith nyrs arall. Byddai gofyn iddi lanhau a choginio, heb sôn am dendio'r clwyfedig, a hynny am 20 awr y dydd, bob dydd. Mae'n amlwg i Betsi weithio'n eithriadol o galed yn yr ysbyty yn Balaclafa; ar ôl un mis ar ddeg aeth yn sâl o'r colera a bu'n rhaid iddi ddychwelyd i Lundain. Bu'n byw yno am bum mlynedd wedyn. Doedd dim llawer o arian ganddi ac nid oedd ei hiechyd yn dda. Yno yn Llundain y bu Betsi farw, ym mis Gorffennaf 1860, a hithau'n ychydig dros ei 70 oed. Does neb yn gwybod lle mae ei bedd.

Nid enillodd Betsi yr un enwogrwydd â Florence Nightingale. Yn wir, prin yw'r anrhydedd iddi yn ei gwlad ei hun, ond cred y rheiny sy'n gwybod amdani fod y ferch syml ond anturus hon o'r Bala wedi gwneud cystal os nad gwell gwaith na'r foneddiges â'r lamp.

Goronwy Owen

Os gwir yr hen ddihareb bod y cyw a fegir yn uffern am aros yn uffern, yna hawdd deall pam yr oedd Goronwy Owen yn hoff o'r dafarn. Yn ôl y mwyafrif o'i gofianwyr, mewn tafarn y'i magwyd. Treuliodd ei blentyndod a'i ieuenctid yn y Dafarn Goch ym mhlwyf Llanfair Mathafarn Eithaf, Ynys Môn, ond mae'n bosibl mai mewn tŷ arall o'r enw Gibraltar yn ardal Rhos-fawr y'i ganwyd a hynny ar Ddydd Calan 1723.

Roedd ei fam, Siân Parry, yn forwyn yng nghartref Lewis Morris, aelod o deulu enwog Morrisiaid Môn, a fu'n gefnogol i Goronwy mewn dyddiau main. Credir mai crefftwr oedd ei dad a gâi ei orfodi i labro o dro i dro, a phriodolir rhywfaint o allu cynganeddol iddo.

Mynychodd Goronwy Ysgol Friars ym Mangor am bum mlynedd ac yno y dysgodd yr ieithoedd clasurol, a hynny i safon uchel. Apeliai barddoni ato hefyd ac erbyn iddo fod yn 17 oed, dywedir ei fod gystal ei ddawn â beirdd lawer yn hŷn. Anogwyd ef gan Lewis Morris, a bu hwnnw'n noddwr cyson iddo ar adegau tywyll.

Bu llawer o'r adegau tywyll rheiny yn ystod ei fywyd tymhestlog. Ergyd fawr iddo fu colli ei fam yn 1741. Ailbriododd ei dad, a theimlai Goronwy nad oedd croeso iddo ar yr aelwyd mwyach. Byrhoedlog fu'r briodas honno a phriododd ei dad yn fuan am y trydydd tro.

Aeth Goronwy am gyfnod byr i Goleg yr Iesu, Rhydychen, ac yna bu'n athro cynorthwyol yn Ysgol Rad Pwllheli ac Ysgol Rad Dinbych cyn cael ei benodi'n gurad gartref yn Llanfair Mathafarn. O'r fan honno, aeth i wasanaethu yn ardal Croesoswallt lle priododd ag Elinor Hughes, ond aeth i ddyled o £34 ac yntau ond yn ennill 22 gini'r flwyddyn. Fe'i arestiwyd a'i ddanfon i garchar cyn ei ryddhau ar fechnïaeth.

Mewn gwarth, gadawodd Goronwy Groesoswallt gyda'i wraig a'i blentyn a chafodd ofalaeth tua 25 milltir i ffwrdd yn Uppington a Donnington. Dyma un o'i gyfnodau mwyaf ffrwythlon fel bardd, ond dyma hefyd y cyfnod pan geir tystiolaeth iddo ddechrau yfed yn drwm. Roedd yn rhan o gylch gohebu, cylch a oedd yn cynnwys Lewis Morris a Ieuan Brydydd Hir, ac fe'i hanogwyd gan Lewis Morris i ddychwelyd i Fôn, neu o leiaf i Gymru, ond gwrthodai Goronwy ddychwelyd adref i Fôn. Yn hytrach, aeth i Walton ger Lerpwl, ond buan y blinodd ar Walton hefyd.

Bu'n sâl a dioddefodd o iselder ysbryd, ac yna bu farw ei ferch fach, Elin, yn 15 mis oed. Yn 1755 symudodd i Lundain. Doedd ganddo ddim gwaith a bu'n rhaid i'r teulu fyw mewn croglofft, ond bu'n mynychu cyfarfodydd y Cymmrodorion yn selog tra bu yno. Yna derbyniodd guraduriaeth yn Northolt yn Swydd Middlesex am £50 y flwyddyn. Er hyn, cafodd Goronwy ei hun mewn dyled unwaith eto – yn amlwg nid oedd ganddo syniad sut i drin arian ac roedd yn dal i yfed yn drwm. Arweiniodd hyn at ffrae rhwng Goronwy a'r Morrisiaid.

Aeth Goronwy ati i geisio casglu digon o danysgrifiadau i gyhoeddi cyfrol o'i waith, ond yr oedd amryw yn amau mai ffordd gyfrwys o gael arian i'w boced ei hun trwy dwyll oedd hyn. Daeth dihangfa i Goronwy wrth i swydd Meistr yng Ngholeg William a Mary yn Williamsburg, Virginia, ddod yn wag. Gadawodd ef a'i deulu ar y llong *Tryal* ar 1 Rhagfyr 1757, ond daeth anffawd i'w ran eto pan fu farw Elinor a'r baban,

Darlithfa yng Ngholeg William a Mary, tebyg i'r un a ddefnyddiwyd gan Goronwy Owen.

Owen, yn ystod y fordaith, a gollyngwyd eu cyrff i'r môr.

Cyrhaeddodd Goronwy Goleg William a Mary ddechrau'r gwanwyn 1758. O fewn tua chwe mis roedd wedi ailbriodi gyda gwraig weddw o'r enw Anne Clayton. Am y tro cyntaf yn ei fywyd roedd Goronwy yn ennill arian da, £150 y flwyddyn a phunt y pen am bob disgybl. Yna, naw mis wedi iddynt briodi, bu farw Anne. Collodd Goronwy bob rheolaeth ar ei fywyd. Cyhuddwyd ef o gyfeiliorni ac o esgeuluso'i ddyletswyddau, ac er i'r cyhuddiadau yn ei erbyn gael eu gollwng ymddiswyddodd yn fuan wedyn.

Erbyn 1760 roedd Goronwy'n ddi-waith unwaith eto, ond daeth un llygedyn o oleuni. Am y tro cyntaf, gallai cylch eang o ddarllenwyr fwynhau rhai o gerddi Goronwy yn ôl yng Nghymru pan gynhwyswyd ei waith mewn blodeugerdd.

Gadawodd Goronwy Williamsburg gyda'i ddau fab, yr hynaf yn 11 mlwydd oed a'r ieuengaf yn naw. Yna fe'i penodwyd yn Berson ym mhlwyf St Andrews, Swydd Brunswick. Ailsefydlodd ei hun yno, a chyn hir medrai fforddio prynu darn o dir o tua 400 erw lle cododd dŷ iddo'i hun a sefydlu planhigfa dybaco drwy lafur caethweision.

Yn 1763 priododd Goronwy am y trydydd tro, â Jean Simmons, neu Janey fel y galwai Goronwy hi, merch i un o'r ymsefydlwyr cyntaf yn Swydd Brunswick. Ganwyd tri mab a merch i Goronwy a Janey. Tybir i Goronwy barhau i lithro'n achlysurol at oryfed yn y cyfnod hwn, ond doedd dim angen iddo bledio am gardod bellach. Cynhyrchai dybaco fel busnes rhan-amser, ac roedd ganddo bedwar caethwas a dwy gaethferch.

Yno yng nghefn gwlad Virginia y treuliodd Goronwy Owen, neu Goronwy Ddu, weddill ei oes. Parhâi i yfed. Yn wir, daethpwyd ag achos yn ei erbyn ym mis Mai 1765 am feddwi a rhegi. Fe'i cafwyd yn euog, a chostiodd hynny bum swllt neu 50 pwys o dybaco iddo.

Tybed ai meddwi er mwyn anghofio'i hiraeth am Fôn a wnâi Goronwy, hiraeth a ddarluniwyd mor ddwfn yn ei gywydd enwog? Cred cofianwyr ac ysgolheigion bod y darlun o'r alltud trist yn rhan o'r ddelwedd y dymunai ei chyfleu.

Bu farw'n alltud ym mis Gorffennaf 1769 yn 46 mlwydd oed ac fe'i claddwyd ar dir ei blanhigfa nid nepell o Lawrenceville. Gadawodd y tir a'r tŷ, buwch a llo, dwy anner, ceffyl a chaseg, ynghyd â chelfi drudfawr a chasgliad o ymron i 200 o lyfrau.

Am flynyddoedd ni wyddai neb fod y mab afradlon o Fôn wedi marw yn y wlad bell, ac er iddo farw'n ddyn cefnog, ni wireddodd ei freuddwyd. Bwriad Goronwy Owen gydol ei oes oedd cyfansoddi'r epig fawr Gymraeg. Ni lwyddodd i wneud hynny, ond hawdd gweld y bu troeon amrywiol ei fywyd ei hun yn fwy o epig nag y gallai erioed fod wedi ei chreu ar bapur.

Eglwys Llanfair Mathafarn Eithaf, Ynys Môn, y pentref ble magwyd Goronwy Owen a ble bu'n gurad am gyfnod byr.

Dafydd ap Siencyn

Yn ystod Rhyfeloedd y Rhosynnau bu Dyffryn Conwy yn faes y gad wrth i gefnogwyr Efrog a Lancaster frwydro yn erbyn ei gilydd. Ystyrid llawer o'r ymladdwyr partisan hyn yn herwyr ac yn ysbeilwyr, gyda'r cyhuddiad yn dibynnu'n hollol ar deyrngarwch yr ymladdwyr a'u cyhuddwyr.

Un o brif warchodfeydd yr herwyr oedd yn cefnogi Lancaster oedd hosbis Marchogion Sant Ioan yn Ysbyty Ifan yn Nolgynwal, ar y ffin rhwng siroedd Caernarfon a Meirionnydd ac arglwyddiaeth Dinbych. Yno, yn Ninas Noddfa, y câi'r herwyr a'r ysbeilwyr gymorth a gofal.

Roedd Dafydd ap Siencyn ymhlith cefnogwyr mwyaf blaenllaw Lancaster. Math o herwr poblogaidd oedd Dafydd, a chred rhai ysgolheigion mai ef oedd cynsail yr arwr Seisnig Robin Hood, ond yr hyn a wnâi Dafydd yn wahanol i herwr cyffredin oedd y ffaith ei fod hefyd yn uchelwr ac yn fardd – cyfuniad perffaith ar gyfer sicrhau anfarwoldeb.

Ystyrid Dafydd yn herwfilwr eofn a gwydn, a'i gadarnle oedd craig Carreg Gwalch ger Llanrwst. Yno llwyddodd i gadw cefnogwyr Efrog allan o gwmwd Nantconwy tan 1468. Roedd Dafydd a'i debyg yn nodweddiadol o'r milwyr hynny a oroesodd Owain Glyndŵr – o'u cael eu hunain heb achos teilwng i ymladd drosto, fe droesant yn herwyr ac ysbeilwyr. Hwy oedd ail genhedlaeth milwyr Glyndŵr ac yn wir caent eu hadnabod fel Plant Glyndŵr. Yn eu plith roedd milwyr oedd â phrofiad o ysbeilio a brwydro yn Ffrainc. Yn achos

Dafydd, cefnogodd achos Lancaster ond gallasai'n hawdd fod wedi cefnogi Efrog.

Doedd fawr o awdurdod yn nhiroedd y Mers, a chafodd yr herwyr dragwyddol hynt i ddwyn, ysbeilio a lladd. Ceir hanesion am ladron pen-ffordd, dwyn gwartheg, herwgipio, dwyn oddi ar fasnachwyr, môr-ladrata a hyd yn oed ymosodiadau ar drefi cyfan. I rai, roedd yr herwyr hyn yn arwyr, ond i eraill dihirod oeddynt.

Hawdd deall penderfyniad rhai o'r cyn-filwyr hyn i droi'n herwyr. Yn dilyn rhyfeloedd Glyndŵr roedd y Cymry'n waeth eu byd na chynt hyd yn oed. Mabwysiadwyd deddfau newydd yn gwahardd Cymry rhag perchenogi tir o fewn trefi'r ffin. Ni chaent ddal swyddi bwrdeistrefol, cario arfau, ymgynnull heb ganiatâd na dal unrhyw swydd o bwys yng ngwasanaeth y Saeson. Yn wir, gellir dweud bod y deddfau newydd hyn wedi troi pob Cymro a Chymraes yn herwr bron iawn. Hawdd deall, felly, sut y trowyd rhai o'r herwyr a'r ysbeilwyr hyn yn arwyr gan lawer o'u cyd-Gymry.

Erbyn Rhyfel y Rhosynnau roedd y Cymry wedi eu tynnu i mewn i'r frwydr a rhaid oedd iddynt ddewis eu hochr. Tueddai ochr ddwyreiniol Cymru i gefnogi Efrog yn bennaf, a hynny oherwydd dylanwad teulu Mortimer a oedd yn berchen ar stadau enfawr yn y Mers. Yn y de, ceid cefnogaeth gref i Lancaster oherwydd dylanwad Syr William Herbert o Raglan. Er ei fod yn byw yn y gogledd-ddwyrain, dewisodd Dafydd ap Siencyn gefnogi Lancaster.

Yn ogystal â bod yn filwr a bardd roedd Dafydd hefyd yn hanu o linach bendefigaidd, ei dad yn un o ddisgynyddion Marchudd a'i fam yn ferch i gefnogwr mwyaf pybyr Owain Glyndŵr, sef Rhys Gethin. Bu hwnnw'n allweddol ym Mrwydr Pilleth yn 1401 a Brwydr Brynglas yn 1402.

Ceir sôn am Ddafydd yng nghyfrol Syr John Wynn ar hanes teulu Gwydir, lle disgrifir ef fel herwr enwog a dyn anhygoel o ddewr. Llwyddodd, ochr yn ochr â Robert ap Meredydd, i ddal Castell Harlech, ac yn 1468 llwyddodd ef a Ieuan ap Meredydd a'u dynion i ysbeilio arglwyddiaeth Dinbych. Dywedir i Dafydd hefyd ladd dau o swyddogion y Goron, Henry Heaton a Richard Pemberton. O ganlyniad i hynny, danfonodd y Brenin yr Arglwydd Herbert a byddin enfawr i ymosod ar siroedd Caernarfon a Meirionnydd ac i osod gwarchae ar Gastell Harlech gan orfodi ei ddeiliaid i ildio yn 1468.

Dywedir i Dafydd hefyd frwydro yn erbyn Hywel ap Ifan ap Rhys Gethin a oedd yn byw, ar ddechrau teyrnasiad Edward IV, yng Nghastell Dolwyddelan. Ystyrid hwnnw hefyd yn herwr. Ceir sôn am Dafydd yn llwyddo, gyda chymorth swyddogion Seisnig, i wenwyno Hywel ap Ifan yn ei wely ym Mhennamen a'i ddwyn yn garcharor i Gastell Conwy.

Fel pob herwr gwerth ei halen aeth Dafydd ar ffo, gan ddewis Iwerddon yn guddfan, a bu yno am tua blwyddyn cyn dychwelyd i Gymru. Erbyn hynny honnir ei fod ef a'i ddilynwyr wedi eu gwisgo mewn lifrai gwyrdd gan gymryd arnynt fod yn dylwyth teg er mwyn codi braw ar unrhyw rai a gaent eu temtio i ymosod ar eu mintai. Buont yn crwydro'n gyfrinachol dros fynyddoedd a thrwy goedwigoedd gan greu braw ac edmygedd, heb sôn am chwedlau. Caent eu cysgodi a'u diogelu gan gefnogwyr ac edmygwyr.

Mae tebygrwydd mawr rhwng yr hanesion am Robin Hood a'r rhai am Dafydd ap Siencyn – byddin gudd mewn lifrai gwyrdd yn byw yn y goedwig gan daro ac yna diflannu. Adeiladwyd ar y ddelwedd mewn cerdd gan Tudur Penllyn wrth iddo ddisgrifio Dafydd a'i ddilynwyr yn byw yn y goedwig gysgodol. Disgrifia Dafydd fel dyn tal, urddasol a'i ddarlunio fel Cai y gwyrddgoed, gyda'r fforest iddo'n gaer, y deri'n dyrau ac ef ei hun yn gyfaill i'r ceirw. Ychwanegir at y ddelwedd wrth i'r bardd honni fod gan Ddafydd 160 o warchodwyr ac 800 o ddilynwyr.

Darlunnir Dafydd fel 'coedwr dewr' sy'n meddu ar alluoedd goruwchnaturiol a'i frwydr, fel un Robin Hood, yn un gyfiawn. Nid Tudur Penllyn oedd yr unig fardd i ganu mawl i Ddafydd. Disgrifir ef a'i ddilynwyr gan Gruffydd Leiaf fel picell neu wayw nerthol, fel marchog euraid ar dir Grwst.

Dylid sylweddoli nad oedd y cwlt o greu arwyr o herwyr yn gyfyngedig i Gymru nac i Brydain. Roedd yn arfer a ymledodd drwy Ewrop gyfan a thu hwnt, gyda'r herwyr yn dod yn destunau nid yn unig i feirdd ond i artistiaid hefyd. Roedd yr anwar nobl yn un i'w edmygu, a gosodwyd Dafydd ap Siencyn yng nghanol y traddodiad hwnnw.

Yn unol â thuedd yr herwr poblogaidd a lwyddodd i ennill teyrngarwch y werin, bu farw Dafydd mewn dull arwrol. Wedi iddo dderbyn pardwn yn 1468 fe'i penodwyd yn Gwnstabl Castell Conwy. Dringodd i'r swydd honno wedi iddo, yn syml, ladd ei ragflaenydd. Dywedir i Dafydd farw o ganlyniad i ffrwgwd, ac yn driw i draddodiad eto, dywedir iddo gyfansoddi dau englyn ar ei wely angau. Tipyn o gamp, mae'n siŵr, gan mai dim ond tri englyn a gyfansoddodd erioed.

Sbardun Dafydd ap Siencyn.
Llun trwy garedigrwydd y Parch. Lynette D Norman

R. J. Lloyd Price

Beth yw ecsentrig? Yn fyr, rhywun sy'n ymddwyn yn wahanol i bawb arall heb iddo ef neu hi sylweddoli'r ffaith, ac yn hynny o beth roedd R. J. Lloyd Price, sgweier y Rhiwlas ger y Bala, yn wir ecsentrig.

Gellir olrhain llinach teulu'r Rhiwlas yn ôl at Farchweithian, sefydlydd yr Unfed Llwyth ar Ddeg o Uchel Dras. Arweiniodd un o'r hynafiaid, Rhys Fawr, ddynion Hiraethog i Faes Bosworth lle cododd faner y Ddraig Goch. Ond os oedd Lloyd Price yn olynydd i arwyr, yr oedd ambell sgamp yn y teulu hefyd, a neb yn fwy felly na'r Doctor Coch, sef Cadwaladr Price, a ddisgrifiwyd gan Thomas Pennant fel 'y cnaf gwaethaf a'r gormeswr mwyaf yn yr ardal'. Brawd y Doctor Coch a sefydlodd Bendefigaeth y Rhiwlas, a heddiw mae'r llinach Price yn parhau yno gyda'r deiliad presennol, Robin Price, yn gymwynaswr a chymydog da.

Roedd ecsentrigrwydd R. J. Lloyd Price ar ei anterth yn ystod ail hanner y bedwerydd ganrif ar bymtheg. Ef, fel ymateb i her, roddodd gychwyn i ymrysonfeydd cŵn defaid yn 1873. Yn wir, ef greodd y gamp yn dilyn dadl yn y Turf Club yn Llundain. Mae darlun mewn olew ohono yn hongian yn y clwb hwnnw hyd heddiw. Ceir llechen ar y Garth Goch, ddwy filltir i'r dwyrain o'r Bala, yn nodi'r fan lle cynhaliwyd yr ymryson cyntaf.

Roedd diddordeb y sgweier mewn cŵn yn ddi-ben-draw. Cadwai gymaint â chant o fytheiad gan neilltuo darn o dir gerllaw'r plas fel mynwent i'r creaduriaid. Galwodd y fynwent yn South America a châi pob ci ei garreg fedd bersonol ei hun. Coffeir yno ffyddloniaid fel Stay, Stric, Spot, Fatpaws, Nelly, Panore, Petite, Grisette, Oyster, Joe, Gather a Comedy.

Roedd Lloyd Price yn fardd a byddai'n cyfansoddi marwnadau i'r cŵn. Roedd yn awdur toreithiog hefyd ac ysgrifennodd lyfrau yn dwyn teitlau dyfeisgar fel *Dogs Tales Wagged by Lloyd Price*. Sefydlodd glwb o'r enw The Zigzag Club gan benodi un o'r cŵn, sef Gather, yn ysgrifennydd y clwb hwnnw. Un rheswm dros fodolaeth y clwb oedd chwarae criced, ond ceid rheolau caeth. Ni chaniateid taro'r bêl yn rhy galed, a phe bai batiwr yn taro pêl dros y clawdd, rhaid fyddai iddo naill ai ei nôl hi ei hunan neu dalu bachgen o'r Bala i'w nôl hi ar ei ran. Rheol gaeth arall oedd na châi'r clwb chwarae criced yn erbyn neb a fyddai'n debygol o'u curo.

Dim ond un diddordeb a ddeuai'n agos at hoffter Lloyd Price o gŵn, a'i hoffter o geffylau oedd hwnnw. Yn wir, i geffyl mae'r diolch am i'r stad gael ei hachub mewn dyddiau pan oedd hi'n fain ar yr hen sgweier. Yn 1887 mentrodd rhan helaeth o'r stad ar geffyl o'r enw Bendigo yn y Jubilee Stakes yn Kensington. Enillodd Bendigo y ras ac adferwyd y stad. Gyda chyfran o'r arian cododd Lloyd Price gladdgell i'r teulu ym mynwent Llanfor, ac uwch y drws cerfiwyd y beddargraff:

> *As to my latter end I go,*
> *To meet my Jubilee,*
> *I thank my good horse Bendigo,*
> *Who built this tomb for me.*

Mae'r ffin rhwng ecsentrigrwydd a dyfeisgarwch yn un denau iawn. Yng nghanol ei ffolineb hoffus cuddiai gwreichionen athrylithgar, a llwyddodd R. J. Lloyd Price i droi'r Rhiwlas yn ddiwydiant. Er mawr siom i'r trigolion lleol aeth ati i droi'r stad ei hun yn fferm helwriaeth anferth gan sefydlu'r Rhiwlas Game Farm yn 1880 a chodi tâl am saethu a hela. Roedd y syniad yn wrthun gan werinwyr traddodiadol. Yr un pryd, sefydlodd Lloyd Price waith brics a brwsys, melin lifio a gwaith calch, gwaith clai a chwareli. Codwyd tai cyfan o ddeunyddiau a gynhyrchid ar y stad. Roedd y stad hefyd yn cynhyrchu sebon, priddgalch ar gyfer pannu – cynnyrch a enillodd fedal ail safle a diploma yn Arddangosfa Chicago yn 1893 – a dechreuodd werthu dŵr iachusol o ffynnon Sant Beuno a oedd, yn ôl y broliant, 'mor oer â nâd asyn'.

Yn wir, proffwydodd Lloyd Price y câi Cwm Tryweryn ei foddi er mwyn disychedu Saeson. Yr unig ran o'i broffwydoliaeth i beidio â chael ei gwireddu oedd iddo honni mai trigolion Llundain yn hytrach na thrigolion Lerpwl fyddai'n elwa.

Yn ddiau, menter fwyaf Lloyd Price fu sefydlu gwaith chwisgi yn y Fron-goch ar lan afon Tryweryn yn 1889 gan ddefnyddio dŵr o ffynnon ar dir Tai'r Felin gerllaw. Codwyd distyllty enfawr ynghyd â thai i'r swyddogion ac i'r gweithwyr a sefydlwyd cwmni yn cynnwys arbenigwyr o'r Alban ac o Loegr. Ar labeli'r poteli cynnar ceid llun o Mrs Lloyd Price mewn gwisg ffansi yn yfed y chwisgi'n awchus.

Yn achos y chwisgi dangosodd Lloyd Price ei natur ddyfeisgar ym maes hysbysebu. Cyflwynodd gasgennaid o chwisgi i'r Frenhines Fictoria ac un arall i Dywysog Cymru. Rhoddodd hynny rwydd hynt iddo hysbysebu'r ddiod fel Chwisgi Cymreig Brenhinol.

Yn anffodus, methiant fu'r fenter. Erbyn 1900 roedd y busnes wedi mynd â'i ben iddo. Y broblem, mae'n debyg, oedd natur y chwisgi. Er ei fod yn iawn mewn casgen, tueddai i wrthaeddfedu mewn potel, ond eironi'r sefyllfa yw bod potelaid o chwisgi'r Fron-goch heddiw yn werth hyd at ddwy fil o bunnau. Yn 1914 addaswyd y distyllty'n wersyll carchar i Almaenwyr ac yna ar gyfer ymron i ddwy fil o Weriniaethwyr Gwyddelig a gymerwyd i'r ddalfa yn dilyn Gwrthryfel y Pasg 1916.

Yn ystod ei gyfnod fel sgweier, llwyddodd Lloyd Price i elyniaethu llawer o bobl leol, yn cynnwys yr Aelod Seneddol Tom Ellis. Y fferm helwriaeth oedd prif asgwrn y gynnen, a'r ffaith i'r

31

sgweier benodi ciperiaid o'r tu allan i'r ardal. Arweiniodd y cyfan at wrthdaro ffyrnig rhwng y tenantiaid ar un ochr a Lloyd Price a'i giperiaid ar yr ochr arall. Llwyddodd i elyniaethu llawer hefyd gyda'i safiad yn erbyn y tenantiaid a oedd yn cefnogi'r ymgeisydd Rhyddfrydol yn Etholiad 1859, pan daflwyd rhai deiliaid allan o'u ffermydd am wrthwynebu'r Tori.

Ond mae'n debyg i'r hen sgweier feirioli cryn dipyn erbyn diwedd ei oes, gan ddymuno bod yn ddim byd mwy na thirfeddiannwr poblogaidd fel ei hynafiaid. Bu farw ar 9 Ionawr 1923. Bron ddeugain mlynedd ar ôl codi'r ddaeargell honno ym mynwent Llanfor gydag arian Bendigo, fe'i gosodwyd i orwedd ynddi, a chollwyd gwir ecsentrig.

*Claddgell R. J. Lloyd Price
ym mynwent Llanfor ger y Bala.*

Ruth Ellis

Ar ddiwedd yr ail ryfel byd, wedi ymron i chwe mlynedd o fodoli o dan gysgod bom ac yn sŵn bwled, dechreuodd y byd ddysgu byw unwaith eto. Daeth dynoliaeth allan o'i chuddfannau tywyll gan smicio'i hamrannau yn y golau anghyfarwydd, a theimlai'r genhedlaeth ifanc mai nhw oedd piau'r byd.

Ymhlith y rhai a gredai fod aur ar strydoedd Llundain roedd merch ifanc o'r Rhyl. Yn anffodus, nid cadwyn o aur a ganfu Ruth Ellis o gwmpas ei gwddf ond dolen rhaff.

Ruth Ellis oedd y fenyw olaf i gael ei chrogi'n gyfreithlon yng ngwledydd Prydain, er i filoedd frwydro i geisio arbed ei bywyd, a'i dienyddiad hi fu'n bennaf cyfrifol am ddod â'r defnydd o'r gosb eithaf i ben. Nid bod Ruth yn gofidio. Roedd arni eisiau marw, a chyda chymorth y gyfraith, gwireddwyd ei dymuniad.

Gallasai stori Ruth fod wedi dod o un o ffilmiau Hollywood – yn wir, yn ddiweddarach trowyd hanes ei bywyd yn ffilm ond rhywun arall, nid Ruth, oedd y seren. Chwilio am freuddwyd ond canfod tristwch fu hanes y ferch hon.

Ganwyd Ruth yn rhif 74 West Parade, y Rhyl, ar 9 Hydref 1926 yn un o ddwy ferch i Arthur ac Elisabeta Hornby, ef yn gerddor teithiol a hithau'n ffoadur rhyfel o Ffrainc. Bedyddiwyd hi yn Ruth Nielsen, gan fabwysiadu enw proffesiynol ei thad, a phan oedd hi'n ferch ifanc proffwydodd y câi fywyd byr, ond hapus. Dim ond rhan gyntaf y broffwydoliaeth honno ddaeth yn wir.

Symudodd y teulu i dde Lloegr wedi i'r tad gael gwaith gyda band ac yna i Lundain lle dechreuodd Ruth weithio mewn tai bwyta cyn symud ymlaen i'r clybiau nos fel gweinyddes a dawnswraig. Yn 16 oed, ganwyd iddi ferch a gadawodd y tad, milwr o Ganada, hi i godi'r plentyn ar ei phen ei hunan. Er mwyn cynnal ei phlentyn, trodd at fodelu'n noeth mewn stiwdio ffotograffydd, ond mewn gwirionedd putain oedd hi. Priododd â deintydd o Southampton, ond buan y canfu fod hwnnw'n alcoholig treisgar, ac yna cafodd Ruth swydd rheolwraig ar y Little Club gan Morris Conley, dyn busnes tra amheus a oedd hefyd yn berchen ar glwb Carroll's.

Un o aelodau'r clwb oedd David Blakely. Yn wir, ef oedd y cwsmer cyntaf i Ruth ei gyfarfod yno. Roedd Blakely yn rasio ceir a syrthiodd Ruth mewn cariad ag ef o'r funud y cerddodd ef i mewn i'r clwb. Dyma'r union math o ddyn y byddai Ruth yn ffoli arno, yn hardd yr olwg, yn gymdeithaswr di-ail, yn fwli ac yn gachgi. Ac yntau'n gyn-ddisgybl o Ysgol Breswyl Amwythig, câi ei gynnal gan arian ei dad. O fewn y flwyddyn roedd Ruth yn feichiog eto a Blakely yn dechrau canlyn merched eraill. Yn y cyfamser aeth Ruth i fyw gyda dyn arall, Desmond Cussens, gŵr a oedd lawer yn hŷn na hi ac a oedd dros ei ben a'i glustiau mewn cariad â hi, ond roedd Ruth yn methu byw heb Blakely.

Ar nos Wener y Groglith 1955 aeth Ruth i chwilio amdano. Gan nad oedd adref ar y pryd, ymosododd ar ei fan, a oedd wedi'i pharcio y tu allan i'w gartref. Yna, ar y dydd Sul, a Ruth yn dal i chwilio amdano, gyrrwyd Blakely i dafarn y Magdala i brynu cwrw ar gyfer parti. Pan gerddodd allan, camodd Ruth tuag ato, tynnodd wn llaw o'i bag a'i saethu ddwywaith. Yna, â Blakely yn gorwedd ar y stryd, saethodd ef ddwywaith neu deirgwaith eto cyn troi'r gwn arni hi ei hun. Methodd Ruth â'i saethu ei hun, ond ni cheisiodd ddianc. Cerddodd at ddyn a safai gerllaw a dweud wrtho, 'A wnewch chi alw am blismon?' 'Plismon ydw i,' atebodd y dyn. 'Yna, a wnewch chi, plîs, fy arestio i?' gofynnodd Ruth. Cafodd ei dymuniad. Cyfaddefodd ar unwaith mai ei bwriad oedd dod o hyd i Blakely a'i saethu.

Yn yr achos llys cydweithiodd yn llawn â'r erlyniad, ac er iddi bledio'n ddieuog yn ffurfiol, doedd ganddi ddim gobaith. Heddiw buasai wedi medru pledio cyfrifoldeb lleihaëdig, ple a ddaeth yn gyfraith yn 1957 o ganlyniad uniongyrchol i achos Ruth. Golygai hynny y byddai'r cyhuddiad o lofruddio wedi cael ei leihau i ddynladdiad ar sail creulondeb Blakely tuag ati. Cafwyd hi yn euog a'i chondemnio i wynebu'r gosb eithaf.

Casglwyd deisebau di-rif yn galw am ddiddymu'r gosb, ond i ddim pwrpas. Roedd hi wedi lladd Blakely mewn gwaed oer ac wedi cyfaddef hynny. Ei hymateb i'r rheiny a geisiodd achub ei bywyd oedd, 'Rwy'n ddiolchgar iawn, ond rwy'n ddigon hapus i farw'.

Yn rhyfedd iawn, ni aethpwyd ar ôl hanes y gwn. Sut oedd merch mor fach â Ruth wedi medru dygymod â defnyddio dryll trwm .38 Smith Wesson heb i rywun ei hyfforddi? O ble cafodd hi'r gwn? Credir erbyn hyn mai Desmond Cussens fu'n gyfrifol am ei roi iddi a'i dysgu i'w saethu, ond gwadu hynny a wnaeth ef.

Crogwyd Ruth Ellis gan Albert Pierrepoint ar 13 Gorffennaf 1955. Dengys yr adroddiad post-mortem iddi farw o ddatgymaliad yr asgwrn cefn, a arweiniodd at fwlch o ddwy fodfedd yn yr asgwrn hwnnw. Cafwyd olion brandi yn ei stumog.

Ar fore ei chrogi cyhoeddwyd erthygl gan Cassandra yn y *Daily Mirror* a ddaeth yn gyffes ffydd i wrthwynebwyr y gosb eithaf ar draws y byd. 'Mae hi'n ddiwrnod da i gywain gwair,' meddai. 'Mae hi'n ddiwrnod da i bysgota. Diwrnod da i orweddian yn yr haul. Ac i'r rheiny ohonoch sy'n teimlo felly – a thristâf wrth ddweud fod miliynau ohonoch yn teimlo felly – mae hi'n ddiwrnod da i grogi rhywun.'

Ruth Ellis oedd y bymthegfed fenyw – a'r olaf – i gael ei chrogi ym Mhrydain yn ystod yr ugeinfed ganrif. Yn achlysurol ceisiwyd clirio'i henw a chaniatáu iddi bardwn ar ôl marwolaeth, gan iddi ladd David Blakely yn wyneb cythrudd ac o ganlyniad i'r trais a achosodd hwnnw iddi. Ond bu pob ymgais yn ofer. O dan ddeddfau'r cyfnod roedd hi'n euog. Bu'r ferch o'r Rhyl yn anffodus yn ei dewis o ddynion erioed, yn arbennig yn ei dewis o David Blakely. Fel y dywedodd un o'i chofianwyr, 'Bu farw o gariad tuag at ddyn na haeddai'r cariad hwnnw.'

Llun trwy garedigrwydd
Llyfrgell Genedlaethol Cymru

Henry Morton Stanley

Mae'n rhaid mai'r cyfarchiad syml hwnnw rhwng Henry Morton Stanley a Doctor Livingstone yn Hydref 1871 yw'r cyfarchiad enwocaf mewn hanes. Dim ond pedwar gair oedd y cyfarchiad, a'r geiriau hynny, o'u cyfieithu, oedd 'Doctor Livingstone, mi dybiaf!'

Cymro a ynganodd y geiriau, un a ddaeth yn fyd-enwog ar sail ei sylw byr wedi iddo lwyddo i ddod o hyd i David Livingstone, un y tybid ei fod ar goll yng nghanolbarth Affrica, yn fyw ac yn iach. Ganwyd Stanley yn blentyn siawns yn Ninbych ar 28 Ionawr 1841 a'i fedyddio yn John Rowlands. Gwahanodd ei rieni dibriod a magwyd ef yn nhloty Llanelwy. Yn bymtheg oed, magodd ddigon o blwc i ddianc o'r tloty a chafodd waith ar long a hwyliai ar draws Môr Iwerydd rhwng Lerpwl a New Orleans. Newidiodd ei enw i Henry Morton Stanley ar ôl marsiandïwr a gyfarfu ac a fu'n garedig wrtho.

Ymladdodd Stanley yn y Rhyfel Cartref yn America a llwyddodd i gael gwaith fel newyddiadurwr gyda'r *New York Herald*. Mae'n debyg fod ganddo arddull newyddiadurol dda ac arbenigodd ar ysgrifennu fel gohebydd tramor gan ymweld â gwledydd yn Asia Leiaf ynghyd â Sbaen, Creta ac Abysinia. Yna, yn 1869, derbyniodd her â'i gwnâi'n enwog ledled y byd. Roedd y teithiwr enwog David Livingstone ar grwydr yng nghanolbarth Affrica ac ofnid ei fod ar goll. Doedd neb wedi clywed gair oddi wrtho ers tro. Breuddwyd fawr Livingstone oedd dod o hyd i wir darddiad afon Nîl, a chafodd Stanley yr her gan ei bapur newydd o fynd i chwilio am y chwiliwr.

Galwyd Stanley i Baris gan berchennog y papur, James Gordon Bennett, a'r gorchymyn syml iddo oedd dod o hyd i'r teithiwr mewn unrhyw ffordd a ddewisai, ond y dylai wneud hynny doed a ddelo.

Erbyn hyn, roedd llawer wedi derbyn y si fod Livingstone wedi marw ac yn dechrau colli diddordeb yn ei anturiaethau, ond gwyddai Bennett y gallai gael stori fawr pe deuid o hyd i'r teithiwr yn fyw. Glaniodd Stanley yn Zanzibar ym mis Ionawr 1871. Erbyn 4 Chwefror roedd popeth yn barod a chychwynnodd y cwch – yn llawn nwyddau ac yn cario baner yr Unol Daleithiau – ar antur enbyd.

Bu'r daith yn un anodd. Collwyd nwyddau a cheffylau a dioddefodd y criw o bob math o afiechydon. Erbyn diwedd Hydref cyraeddasant ddyffryn Ujiji. O'u gweld yn nesáu, rhuthrodd cannoedd o'r trigolion i'w cyfarfod ac yn eu canol gwelodd Stanley ddyn mewn crys gwyn hir a thyrban o fath gorllewinol ar ei ben. Cyflwynodd hwnnw'i hun fel gwas David Livingstone. Sylwodd Stanley ar ddyn llwydaidd ymhlith y dorf – roedd e'n farfog, yn gwisgo trowser llwyd a gwasgod a chanddo gap glas ac aur ar ei ben. Tynnodd Stanley ei het ymaith, ynganodd y geiriau chwedlonol a chafodd gadarnhad fod ei chwilio ar ben.

Ymhen wythnos gadawodd y ddau ddyn gyda'i gilydd i chwilio am darddiad afon Nîl. Methiant fu'r daith a dioddefodd Stanley o'r cryd. Er gwaetha'r ffaith ei fod yn awyddus i dorri'r stori fawr am ei lwyddiant yn dod o hyd i Livingstone, dewisodd Stanley oedi gyda'r teithiwr tan fis Mawrth 1872. Ceisiodd berswadio Livingstone i ddychwelyd gydag ef ond na, roedd hwnnw'n benderfynol o ddod o hyd i Lyn Tanganyika a phrofi bod ei ddyfroedd yn llifo i'r Nîl. Ysgrifennodd Livingstone nifer o lythyron gan ofyn i Stanley fynd â hwy yn ôl gydag ef a ffarweliodd y ddau â'i gilydd yn eu dagrau ar 14 Mawrth 1872. Trodd Stanley'n ôl am Zanzibar a threfnodd i ddanfon nwyddau a phethau eraill angenrheidiol at ei gyfaill. Cymerodd y daith 55 o ddyddiau iddo.

Gwaith cyntaf Stanley oedd ffeilio'i stori i'r *New York Herald*. Derbyniodd frysneges oddi wrth berchennog y papur yn nodi ei fod ef, Stanley, bellach mor enwog â Livingstone bob tamaid. Diolchodd i'w ohebydd ar ei ran ei hun ac ar ran y byd.

Bu farw Livingstone yn Affrica ar 1 Mai 1873. Yno, mae'n debyg, y byddai wedi dewis gwneud hynny. Disgynnodd yn farw wrth iddo weddïo ar ei bennau gliniau ger ei wely. Yn ôl arfer y brodorion tynnwyd ei galon o'i gorff a'i chladdu o dan goeden, ond cludwyd gweddill ei gorff yr holl ffordd yn ôl i Lundain a'i gladdu yn Abaty Westminster ar 18 Mai. Roedd Stanley yn un o'r archgludwyr.

Aeth Stanley ymlaen i ysgrifennu llyfr am ei anturiaethau a derbyniodd Fedal Aur gan y Frenhines Fictoria am ei gamp a'i wrhydri. Dychwelodd i Affrica yn 1877 ac aeth ati i groesi'r cyfandir anferth gan ymweld ag Uganda, teithio o gwmpas llynnoedd Tanganyika a Fictoria a mynd ymlaen i ddilyn afon Congo. Yno y bu, yn teithio, yn cofnodi ac yn mapio.

Yn 54 mlwydd oed, trodd Stanley at y byd gwleidyddol ac etholwyd ef yn Rhyddfrydwr Undebol dros Ogledd Lambeth yn Llundain. Bu farw ar 10 Mai 1904 yn Llundain, a'i ddymuniad olaf oedd cael ei gladdu yn agos at ei arwr, David Livingstone. Gwrthodwyd ei gais gan y Deon a chladdwyd ef yn hytrach ym mynwent Pirbright.

Yn arwynebol, felly, daeth Stanley yn arwr, ond dylid derbyn y disgrifiad gyda phinsiad o halen. Adolygwyd enw da a hanes Stanley dros dreigl y blynyddoedd a gwelwyd iddo ddangos elfennau cwbl hiliol yn ei erthyglau a'i lyfrau. Byddai'n portreadu brodorion y gwledydd a deithiodd iddynt fel bodau is-ddynol a châi ei hanesion eu credu gan ddarllenwyr ledled y byd. Yn wir, trodd llawer o'r Cristnogion a groesawyd yn wreiddiol fel brodyr gan y brodorion yn feistri arnynt. Er hyn, roedd Stanley yn genhadwr yn ogystal â theithiwr, ac fe gondemniodd y fasnach gaethweision yn llwyr, a hynny mewn cyfnod pan oedd llawer o bobl barchus yn elwa o'r fasnach afiach honno.

Ni ellir gwadu nad oedd hanes Henry Morton Stanley yn ffitio'n berffaith i'r syniad o arwr yn Oes Fictoria. Roedd yr holl elfennau angenrheidiol yn bresennol – bachgen amddifad yn dianc o dloty ac yn llwyddo i deithio'r byd gan fynd ati i ysgrifennu am ei brofiadau. Daeth yn enwog ar sail pedwar gair, 'Doctor Livingstone, mi dybiaf!' ond beth fyddai hanes Stanley tybed petai hwnnw wedi troi ato a dweud, 'Nage wir, nid dyna pwy ydw i!'

38

© Llun trwy garedigrwydd Llyfrgell Genedlaethol Cymru

Dora Herbert Jones

Gallasech feddwl mai'r fenyw olaf yn y byd y gellid ei chymharu â Mata Hari fyddai Dora Herbert Jones, un o brif arbenigwyr Cymru ym maes yr alaw werin ac un o arloeswyr Gwasg Gregynog. Eto i gyd, roedd yna rai agweddau'n gyffredin rhwng y ddwy. Roedd y ddwy yn fenywod hardd. Roedd y ddwy yn berfformwyr – y naill yn ddawnswraig a'r llall yn gantores – ac roedd y ddwy yn ysbïwyr. Yn achos Mata Hari, honnir iddi gael ei chyhuddo ar gam o ysbïo ar ran yr Almaen, ond yn achos Dora mae yna dystiolaeth bendant iddi fod yn rhan o wasanaeth cudd Prydain yn Iwerddon.

Merch o Langollen oedd Dora, yr ieuengaf o bump o ferched. Cafodd blentyndod ac ieuenctid nodweddiadol o'i bro a'i chyfnod, gyda'r capel yn ddylanwad cryf arni. Yn ifanc iawn daeth o dan ddylanwad cerddor lleol.

Aeth i Aberystwyth i ddilyn cwrs gradd lle parhaodd â'i diddordeb mewn canu. Roedd hi'n aelod o bedwarawd a wahoddwyd i berfformio yn y Sorbonne ym Mharis. Yna, yn 1910, daeth o dan ddylanwad Dr Mary Davies, un o hoelion wyth Cymdeithas Alawon Gwerin Cymru, a wahoddwyd i ddarlithio yng Nghymdeithas y Geltaidd yn Aberystwyth. Dewisodd honno Dora i ganu'r enghreifftiau o wahanol ganeuon yn ystod y ddarlith.

Ar ôl graddio yn 1912, a cholli ei mam, aeth Dora i Lundain i weithio fel ysgrifenyddes i Syr John Herbert Lewis, Aelod Seneddol Sir y Fflint. Roedd gan wraig yr AS, Ruth Herbert Lewis, ddiddordeb mewn alawon gwerin ac un o ffrindiau'r teulu oedd y gantores a'r gyfansoddwraig Morfydd Llwyn Owen. Fel rhan o'i swydd gweithiai Dora yn aml yn Nhŷ'r Cyffredin, a hi, mae'n debyg, oedd y ferch gyntaf i weithio yno fel ysgrifenyddes. Daeth yn un o'r ymgyrchwyr cynnar dros hawliau merched.

Priododd Dora yn 1916 â Herbert Jones, gŵr diwylliedig o Langernyw oedd â diddordeb byw yn hanes, llenyddiaeth a diwylliant Cymru. Ymunodd Herbert â'r Ffiwsilwyr Brenhinol Cymreig ar ddechrau'r Rhyfel Mawr; yn fuan wedi'r briodas fe'i clwyfwyd yn ddifrifol yn Ffrainc ac aeth Dora draw yno ato. Daeth Dora'n rhan o ymgyrch y chwiorydd Davies, Plas Dinam, i ddarparu ymgeledd i filwyr Ffrainc o dan nawdd y Groes Goch a dyma oedd dechrau'r cysylltiad rhyngddi a Gregynog.

Erbyn dechrau 1918 cawn fod Dora yn Nulyn yn gwneud gwaith cyfrinachol yn y Viceregal Lodge i'r Arglwydd Wimborne, Arglwydd Raglaw Iwerddon. Ni wyddom beth yn union oedd y gwaith, ond ymddengys bod Dora yn un o griw o Gymry oedd yn gweithio i Wimborne, a oedd ei hun o dras Gymreig, sef teulu Guest o Sir Forgannwg. Ysgrifennydd Wimborne oedd Selwyn Davies, Cymro Cymraeg o Lundain, ac ysgrifenyddes y Fonesig Wimborne oedd Beta Jones o fferm Abercin ger Cricieth. Byddai Dora a'r ddau arall yn mynychu capel bach Cymraeg Bethel yn Talbot Street yn rheolaidd.

Does dim manylion ynghylch beth yn union oedd gwaith cyfrinachol Dora ond yn ystod ei chyfnod yn Nulyn roedd y Gweriniaethwyr Gwyddelig, yn dilyn methiant Gwrthryfel y Pasg 1916, wedi ailffurfio ac yn fygythiad gwirioneddol unwaith eto i undod yr Ymerodraeth Brydeinig. Golygai gwaith Dora deithio rheolaidd ar y llong fferi rhwng Caergybi a Dulyn, a hynny pan oedd llongau tanddwr yr Almaen a'u torpidos yn berygl mawr. Treuliodd Dora tua deunaw mis yn y gwasanaeth cudd. Tybed a fu hi erioed ar restr Michael Collins, un o arweinwyr y Gweriniaethwyr – rhestr o ysbïwyr a glustnodwyd ganddo ar gyfer eu dienyddio? Daeth yr ysbïwyr hynny'n dargedau i garfan ddienyddio Collins, y Deuddeg Apostol.

Dychwelodd Dora i gynorthwyo Herbert Lewis ar gyfer Etholiad Cyffredinol 1918. Roedd hi'n torri tir newydd unwaith eto – hi oedd y fenyw gyntaf ym Mhrydain i fod yn gynrychiolydd etholiadol. Ganwyd iddi ferch, Elsbeth, a dilynwyd honno gan fab, Hugh, yn 1922, ond bu farw ei gŵr yn fuan wedyn ac yntau ond yn 36 oed.

Symudodd Dora a'r plant i Aberystwyth lle'r oedd ei chwaer, Gertrude, yn ddarlithydd yn y coleg yno. Gweithiodd am gyfnod i Thomas Jones, dirprwy ysgrifennydd y Cabinet a ddaeth yn ysgrifennydd personol i Lloyd George. Thomas Jones fu'n gyfrifol am gael swydd iddi fel ysgrifenyddes i Wasg Gregynog ac yn ysgrifenyddes hefyd i'r chwiorydd Gwendoline a Margaret Davies.

Treuliodd bymtheg mlynedd yn byw ac yn gweithio ar stad Gregynog, a phan drowyd y plas yn ganolfan i'r Groes Goch adeg yr Ail Ryfel Byd, bu'n ysgrifenyddes weinyddol yno.

Yn 1940 daeth trychineb unwaith eto i'w bywyd pan fu farw ei merch yn 21 oed. Trawyd y llong y teithiai adref arni o Awstralia gan dorpido. Roedd Elsbeth wedi bod allan yno yn gofalu am ffoaduriaid rhyfel o dde Cymru.

Yn 1942 ailgydiodd Dora yn ei bywyd diplomataidd pan gafodd swydd yn y Weinyddiaeth Lafur yn Abertawe, yn gofalu am hawliau menywod. Treuliodd y blynyddoedd nesaf mewn gwahanol swyddi yn Abertawe a Chaerdydd. Yna ailgydiodd yn ei diddordeb mewn canu. Roedd hi wedi cadw'r cysylltiad â Chymdeithas Alawon Gwerin Cymru ar hyd y blynyddoedd. Daeth yn llais ac yn wyneb adnabyddus ar y radio a'r teledu.

Dychwelodd i Gregynog ar ôl ymddeol, i fyw mewn tŷ ar y stad gyda'i chwaer, ac yno y treuliodd Dora ddeunaw mlynedd olaf ei bywyd. Anrhydeddwyd hi â'r OBE yn 1967, ac yn 1972 fe'i hetholwyd hi'n Llywydd Cymdeithas Alawon Gwerin Cymru. Bu farw ei chwaer yn 1962, ond parhaodd Dora i fyw ar stad Gregynog, yn Tŷ Canol, hyd ei marwolaeth yn 1974.

Mae rhan Dora Herbert Jones yn y gwaith cyfrinachol yn Nulyn o gwmpas 1918 yn dal yn ddirgelwch. Ni soniai am y cyfnod arbennig hwnnw, a phan holwyd hi ar gyfer portread ohoni gan *Y Cymro* ddiwedd 1970, ni chyfeiriodd ato o gwbwl.

Nid bod hynny'n bwysig bellach. Cofir am Dora Herbert Jones fel gwraig unigryw a fu'n gyfrifol am ddiogelu ac ailddarganfod stôr o alawon gwerin a fyddent, fel arall, wedi diflannu. Fe'i cofir fel menyw a lwyddodd i hawlio'i lle mewn byd a fu'n gyfyngedig i ddynion hyd hynny. Fe'i cofir hefyd fel gwraig ddewr a wynebodd drychinebau yn ei bywyd ei hun ac ym mywyd y ddynoliaeth. Y cyfan a wna'r dyfalu am ei rhan yn y gwasanaeth cudd yw ychwanegu at hanes y bywyd diddorol ac amrywiol a dreuliodd Dora ar yr hen ddaear hon.

Catrin o Ferain

Petai'r holl hanesion am Catrin o Ferain, neu Catrin Tewdwr, yn wir, yna byddai gan Gymru ei Lucrezia Borgia ei hun. Cafodd ei phortreadu fel rhyw bry cop y weddw ddu, creadur sy'n dueddol o ladd pob cymar a gaiff. Am iddi briodi bedair gwaith – chwech, a hyd yn oed saith, gwaith yn ôl rhai hanesion – golygai hynny ynddo'i hun ei bod yn darged i feirdd a haneswyr amheugar. Dywedid iddi lofruddio rhwng un a chwech o'i gwŷr, rhai ohonynt wrth iddi arllwys plwm tawdd i'w clustiau. Mynnai rhai i'w gŵr olaf, y chweched (neu'r seithfed), osgoi'r un ffawd drwy ei chadw hi'n gaeth a'i llwgu i farwolaeth.

Y stori a adroddir amlaf amdani yw iddi, ar ei ffordd i angladd ei gŵr cyntaf, addo priodi ei hail ŵr, ac ar ei ffordd allan addo priodi trydydd gŵr petai'r ail yn marw, ond dengys cronoleg hanesyddol fod hyn hefyd yn gelwydd. Roedd hanesion o'r fath yn frith yn y cyfnod, rhyw fath o storïau *Mills and Boon* yr unfed ganrif ar bymtheg. Yn wir, roedd hanesion o'r fath i'w cael ledled y byd.

Fel yn achos cynifer o hanesion ffug y cyfnod, tybir mai Thomas Pennant, wrth groniclo'i daith drwy Gymru, oedd un o'r rhai cyntaf i ledaenu'r storïau am Catrin. Mynnai hwnnw i Syr Richard Clough, wrth i Catrin fynd i angladd ei gŵr cyntaf, John Salisbury, sibrwd yn ei chlust yr hoffai ei phriodi. Yna, wrth iddi fynd o'r angladd, gofynnodd Morris Wynn o Wydir am ei llaw. Gwrthododd Catrin hwnnw ond gan ychwanegu, petai Clough yn marw, y byddai'n barod i'w briodi. Erys un ffactor bwysig sy'n gwahanu stori Thomas Pennant oddi wrth y gwir. Yn y cyfnod hwnnw ni fyddai gweddw'n cael mynd ar gyfyl gwasanaeth angladdol; yn wir, ni fyddai unrhyw fenyw'n cael bod yn bresennol.

Roedd y gwir am Catrin – neu o leiaf gymaint o'r gwir ag sy'n bosibl dod o hyd iddo – yn dra gwahanol. Roedd Catrin o Ferain yn un o fenywod harddaf ei dydd, fel y dengys portread ohoni gan Adrian van Cronenburgh a beintiwyd yn 1568 pan oedd hi'n 34 mlwydd oed. Roedd hi'n wyres i Harri VII ac yn fenyw ddeallus a phwerus.

Oedd, roedd gwir yn y ffaith iddi briodi sawl gwaith. Doedd hynny ddim yn anghyffredin o gwbl yn y cyfnod dan sylw, mwy nag ydyw heddiw. Y gwahaniaeth mawr yw mai ysgaru yw'r prif reswm dros derfynu priodasau heddiw, tra mai marwolaeth oedd yr achos yng nghyfnod Catrin. Roedd afiechydon yn rhemp. Ffactor arall dros amlbriodi oedd nad cariad, yn aml iawn, fyddai wrth wraidd priodas ond yn hytrach barhad llinach a chyfoeth. Yn wir, dau ddewis oedd gan ferched fel Catrin – priodi neu fynd i leiandy – ac o ystyried y ddau ddewis, bu Catrin yn hynod ddoeth.

Er mwyn parhau llinach deuluol byddai priodasau'n cael eu trefnu, rhywbeth a ddirmygir yng ngwledydd y gorllewin heddiw pan fo'n digwydd rhwng pobloedd yn India a Phacistan, ond roedd parhad llinach a gwehelyth yn fater holl bwysig bryd hynny. O'r herwydd trefnid priodasau'n aml pan fyddai'r ddarpar briodferch a'r darpar briodfab yn dal yn blant. Byddai'r ddau deulu yn dod at ei gilydd i wneud y trefniadau, gyda thad y priodfab yn darparu cartref iddynt a threfnu incwm ar gyfer y pâr ifanc a phennu faint o'r stad fyddai'n eiddo iddynt. Yn ogystal, byddai'n pennu maint y gwaddol a delid i'r ferch petai hi'n cael ei gadael yn weddw. Mewn gwirionedd, cytundeb yn dibynnu ar arian ac eiddo oedd priodi – ceid cytundeb cyfreithiol rhwng y ddau deulu. Lles teuluol oedd y ffactor bwysicaf. Pe deuai cariad yn ffactor ychwanegol wedyn, yna bonws fyddai hynny.

Ganwyd Catrin Tewdwr yn 1534 yn ferch i Tudur ap Robert Fychan a Jane Velville. A do, fe briododd hi fwy nag unwaith – bedair gwaith i fod yn fanwl gywir – ond nid y ffaith iddi briodi gymaint o weithiau oedd wrth wraidd y celwyddau a ddywedwyd amdani. Yr hyn a wnaeth Catrin yn destun sgandal oedd iddi greu eiddigedd drwy briodi'n *dda* bob tro, gan gynyddu ei dylanwad a'i grym gyda phob uniad.

Mae'n wir mai ei gŵr cyntaf oedd John Salisbury, neu Salsbri. John Salsbri oedd mab hynaf Syr John Salisbury, Lleweni, Canghellor a Siryf Dinbych. Roedd Catrin eisoes yn berchen ar stadau Môn a Berain, sef ymron i bedair mil o erwau, ac roedd ei gŵr i etifeddu tiroedd ei dad yn Ninbych a Fflint.

Bu farw Salisbury ac ailbriododd Catrin â Syr Richard Clough, asiant masnachol yn Antwerp, yn 1567. Bu Clough ar bererindod i Gaersalem, a hynny a'i gwnaeth yn Farchog o'r Beddrod Sanctaidd. Daeth yn ddyn dylanwadol a chyfoethog, ac ef a roddodd gychwyn i'r Gyfnewidfa Stoc yn Llundain lle gweithiai hefyd fel asiant gwleidyddol dros y Frenhines. Daeth hynodrwydd arall i ran Clough hefyd wrth iddo godi'r tŷ brics cyntaf yng Nghymru, Bach y Graig. Codwyd y tŷ mor gyflym fel i rai gredu fod Clough yn gweithio law yn llaw â'r diafol. Bu farw Clough yn 1570 ac aeth Catrin yn ôl i Ferain.

Y nesaf i ofyn am ei llaw, yn aflwyddiannus, oedd John Vaughan o'r Gelli Aur yn Sir Gaerfyrddin. Yn hytrach, priododd Catrin â Morris Wynn o Wydir, un o Dywysogion Gwynedd a disgynnydd i Rhodri Fawr, Tywysogion Powys, Iarll Salisbury a Llywelyn Fawr. Fe'u priodwyd naill ai ym mis Ionawr 1572 neu 1573. Yn wir, bu uniad arall yn fodd o dynhau'r cwlwm hwn ymhellach wrth i fab Catrin o'i phriodas gyntaf briodi â merch i Morris Wynn o'i briodas gyntaf yntau.

Bu farw Morris Wynn ar 10 Awst 1580. Gadawodd i Catrin brydlesau a ffermydd yn arglwyddiaeth Dinbych a Sir Feirionnydd, yn cynnwys ei eiddo yn Llannefydd.

Un o dystion ewyllys Morris Wynn oedd Edward Thelwell, Plas y Ward, ac ef fyddai ei phedwerydd gŵr. Roedd Thelwell yn ddisgynnydd i'r Tiwtoniaid a'r Normaniaid a dderbyniodd Ddyffryn Clwyd fel rhodd gan Edward y Cyntaf, yn cynnwys Castell Rhuthun, a ddaeth yn gartref i'r teulu. Unwaith eto trefnwyd priodas ddwbl – Catrin ac Edward, a merch Catrin o'i thrydedd briodas a Simon, mab Edward o'i briodas gyntaf.

Hon fyddai priodas olaf Catrin. Bu farw ddiwedd Awst 1591. Er iddi gael pedwar gŵr, nid oedd ond ychydig dros ei hanner cant oed. Gadawodd chwech o blant, tua 16 o lysblant, tua 32 o wyrion ac wyresau ac ugeiniau o ddisgynyddion eraill. O ganlyniad fe'i galwyd yn Fam Cymru.

John Tydu Jones

Prin fod unrhyw deulu yng Nghymru yn fwy nodedig na theulu'r Cilie, sef saith o fechgyn a phump o ferched Jeremiah a Mary Jones o Gwmtydu ar arfordir de Ceredigion. Y bechgyn fu'n gyfrifol am anfarwoli'r teulu, gyda chwech ohonynt yn etifeddu dawn farddonol eu tad.

Fel ym mhob teulu mawr roedd yna un aderyn brith, a'r pumed plentyn, John Tydu, oedd hwnnw. Yn 21 oed, yn dilyn cythrwfl pan fynnodd ddial ar un a wnaeth dro gwael ag ef, ffodd John i Ganada lle bu'n byw bywyd mor anturus fel y gallai ei hanes fod yn destun un o nofelau Jack London. Ac oedd, yn goron ar y cyfan, roedd John yn fardd.

Roedd gwaed drwg rhwng John a gŵr lleol arall, y Capten David Griffiths. Mae'n debyg i'r capten bardduo enw John ac i hwnnw ei daro â darn o haearn. Casglwyd digon o dystiolaeth i gyhuddo John ar ddiwedd 1901, a threuliodd flwyddyn o gosb llafur caled yng Ngharchar Caerfyrddin. Nid oedd ond deunaw oed ar y pryd, ac ymhlith y cerddi a ysgrifennodd ar fur ei gell roedd hon:

> Rwyf yma mewn unigedd mawr
> Yn drist fy ngwedd mewn galar,
> A rhoi pysgodyn ar dir sych
> Yw rhoddi bardd mewn carchar.

Yn y cyfamser, bu farw ei dad a beiai John ei hunan am hynny, gan gredu i'w ymddygiad brysuro'i farwolaeth. John, mae'n debyg, oedd ffefryn y tad, a phan oedd Jeremiah yn clafychu, cyfansoddodd John y cwpled teimladwy hwn:

> Fi oedd y mwya'n ei fyd,
> Ef y mwya'n fy mywyd.

Ar ôl meddwl yn ddwys, penderfynodd John ymfudo i Ganada a gadawodd ar yr *Empress of Canada* ym mis Chwefror 1904 am Halifax, Nova Scotia, gan ymsefydlu yn Ontario yn gyntaf. Roedd hiraeth yn ei lethu o'r dechrau, ac ysgrifennodd at gyfaill yn cwyno nad oedd y blodau mor lliwgar yno na'r adar mor ddedwydd.

Gweithiodd John yn galed a llwyddodd i ddringo'n uchel mewn gwahanol fusnesau. Priododd â merch o'r enw Lilian ac enillai ddigon o arian fel y gallod fuddsoddi gyda pherthynas i'r teulu enwog o fasnachwyr, Pryce-Jones o'r Drenewydd. Ond daeth y dirwasgiad a'i broblemau a chollodd John ei fuddsoddiad gan ei orfodi i fynd i'r Rockies i chwilio am aur. Yna aeth i'r Yukon i weithio fel torrwr coed.

Symud o ddinas i ddinas fu ei hanes wedyn. Roedd yn dal i farddoni a byddai'n llythyru'n rheolaidd â'r teulu. Yn wir, ymwelai dau o'i neiaint ag ef yn rheolaidd ym Montreal, sef y Capten Jac Alun a'r Capten Dafydd Jeremiah. Tueddai ei lythyrau i fod yn rhai hiraethus iawn. Mynegai dro ar ôl tro ei hiraeth am Gilie ac am Gymru, ond carai hefyd sôn am ei anturiaethau. Dywedodd iddo unwaith saethu arth, ei blingo ac yna bwyta'r cig amrwd. Mewn llythyr at ei chwaer, Esther, yn 1943 dywedodd ei fod yn paratoi i ddisgyn i lawr Rhaeadr Niagara mewn casgen. Gobeithiai wedyn werthu'r gasgen i rywun o Efrog Newydd am 250,000 o ddoleri!

Yn ystod haf 1937 danfonodd lythyr at y Parchedig Basil Williams o Abergwaun, caplan carchar Wormwood Scrubs lle'r oedd triawd Penyberth – Saunders Lewis, Lewis Valentine a D. J. Williams – yn garcharorion wedi iddynt 'losgi beudy John y Tarw' chwedl John Tydu. Gyda'r llythyr roedd englyn teyrnged i'r tri. Danfonodd englynion teyrnged hefyd i Tommy Farr, rhai Saesneg fel y gallai'r bocsiwr eu deall. Yn wir, roedd e'n bresennol pan ymwelodd Farr â Montreal a chafodd yr englynion eu darllen yno. Câi John Tydu ei adnabod fel amddiffynnwr hawliau'r dyn bach. Roedd yn gas ganddo fwlis, fel y profodd yn ifanc yn ei fywyd, ac roedd yn ddyn a fedrai ofalu amdano'i hun, mae'n debyg. Dyna, hwyrach, pam roedd Farr yn gymaint o arwr ganddo.

Dioddefodd salwch, a darganfuwyd fod ganddo nam ar ei galon. Fel petai'n ofni'r dyfodol, aeth ati i gofnodi ei waith barddonol i gyd mewn llyfr. Danfonodd nifer o'i gerddi adref i Gymru. Disgrifiodd y casgliad yn y llyfr fel 'adroddiad yn y cof'. Mae'r cerddi'n llawn hiraeth, ond yn eu plith hefyd roedd teyrngedau barddol i bobl enwog fel Roosevelt, Garibaldi, Lloyd George a Neville Chamberlain.

Cyfieithodd lawer o'i gerddi i'r Saesneg, ac ar fwa mewnol yn y Siambr Goffa yn Nhŵr Heddwch senedd-dy Canada yn Ottawa ceir cwpled o'i waith i gofio am y rhai fu farw yn y Rhyfel Mawr, cwpled o gerdd o'r enw *The Returning Man*:

© *Barddas*

> *All's well, for over there among his peers*
> *A happy warrior sleeps.*

Mae'n debyg iddo gyfansoddi'r gerdd pan oedd yn Calgary ychydig wedi diwedd y rhyfel. Fe'i gwelwyd gan bensaer yr adeilad a defnyddiwyd y geiriau ar y mur. Daeth y cwpled i sylw Stanley Baldwin, Prif Weinidog Prydain, pan oedd ar ymweliad ag Ottawa ar gyfer y Gynhadledd Imperialaidd yn y tridegau. Gwnaed ymchwil i ganfod pwy oedd yr awdur. Yn wir, yn ddiweddarach, dyfynnwyd y cwpled gan y brenin Edward VII pan gyflwynodd araith ar Vimy Ridge. Bu holi mawr ynghylch pwy oedd y bardd, a danfonodd John Tydu lythyr i'r *Montreal Daily Herald* yn dweud mai'r awdur oedd 'dyn yn Calgary, Alberta yn 1919'. Dim ond wedyn y sylweddolwyd mai ef ei hun oedd y dyn hwnnw.

Hyd yn oed wedi iddo gyrraedd oedran pensiwn, parhaodd y Cymro alltud i chwilio am waith. Aeth i le o'r enw Sultan i weithio mewn melin lifio, ac yno, ym mis Awst 1947, y bu farw tra oedd wrth ei waith. Ni wyddai neb yno unrhyw beth am ei gefndir, ac fe'i claddwyd ar gwr coedwig gyfagos. Gofalodd rheolwr y felin lifio osod pedwar postyn haearn a chadwyn o gwmpas y bedd. Yna, canfuwyd mai awdur *The Returning Man* a orweddai yno a, diolch i'r Seneddwr Lester Pearson, gosodwyd carreg ar y bedd.

Byddai John Tydu weithiau'n mynd adref i Gwmtydu, y tro cyntaf yn 1921. Pan ddychwelai, câi ei adnabod gan bawb yn ei henfro fel 'Jac Canada', ond Cwmtydu oedd wedi ei argraffu ar ei galon. Cyfansoddodd gannoedd o linellau, ond heb unrhyw amheuaeth, ei gwpled mwyaf ingol yw hwnnw sy'n cloi ei englyn 'Hiraeth am Gymru' gyda'r esgyll canlynol:

> Tywodyn o Gwmtydu
> Yn hollt y rhwyf ydwyf fi.

Wil Cefn Coch

Mae'n debyg mai trwy ddamwain y lladdodd Wil Cefn Coch un o giperiaid stad y Trawscoed. Yn sicr, pan aeth allan i hela yng nghwmni'r brodyr Morgan a Henry Jones Ty'n Llwyn yn cario dau ddryll a phastwn, nid oedd gan yr un ohonynt unrhyw fwriad i saethu neb. Na, clicied y gwn oedd yn ddiffygiol yn ôl yr hanes, ac roedd Wil wedi llithro yn ystod y sgarmes, ond, damwain neu beidio, o gael ei ddal gallai Wil ddisgwyl rhaff o gwmpas ei wddf. Doedd yr un mainc ynadon yn mynd i gredu gair tyddynnwr tlawd yn erbyn gair gweithwyr y plas.

Bore dydd Mercher 28 Tachwedd 1886 oedd hi pan gyrhaeddodd y tri chyfaill Goed Gwern Dolfor. Trigai'r tri ar y Mynydd Bach yng nghyffiniau Trefenter a Llangwyryfon. Gwyddent fod perygl i giperiaid fod ar wyliadwriaeth gan i Iarll Lisburne gyflogi tri ohonynt yn ogystal ag un rhan-amser i gadw golwg ar y stad. Pan gyrhaeddodd y tri herwheliwr Goed Gwern Dolfor, roedd y pedwar ciper wedi dod ynghyd ar ôl clywed sŵn tanio. Roedd dau o'r ciperiaid, Richard Jones a Joseph Butler, wedi eu denu o Goed Tynberth ac ymunodd James Morgan a'r gweithiwr rhan-amser, Morgan Evans, â hwy.

Pan glywsant y ciperiaid yn dynesu, ceisiodd y tri photsier ffoi. Llwyddasant i gyrraedd Cae Caergwyn, ond roedd y ciperiaid yn dal i'w dilyn. Trodd y tri i weld James Morgan yn eu herio. Rhybuddiwyd ef i gadw draw ar fygythiad o'i saethu a rhedodd y tri i ffwrdd unwaith eto. Cyrhaeddodd y tri ardd bwthyn Cwmbyr ac

51

oddi yno llwyddasant i redeg am Gwmbyr-bach. Erbyn hyn roedd Butler wedi dal i fyny â Morgan ac ar fin gafael yn un o'r tri pan drodd y talaf o'r potsieriaid a saethu Butler. Llwyddodd James Morgan i ddal un o'r herwhelwyr, Morgan Jones, a beiodd hwnnw Wil am y saethu.

Canfuwyd fod Butler wedi marw ar unwaith o ganlyniad i un ergyd i'w galon. Y tebygolrwydd oedd i'r gwn gael ei danio tua throedfedd oddi wrth y ciper. Cyhuddwyd Morgan Jones yn Llys Bach Llanilar o fod yn gysylltiedig â llofruddiaeth Joseph Butler ac o herwhela, a chadwyd ef yn y ddalfa.

Yna, ildiodd Henry Jones ei hun i'r heddlu a chyhuddwyd ef o'r un troseddau â'i frawd. Bu Morgan Jones yn ffodus. Ym Mrawdlys Gwanwyn Sir Aberteifi ar 7 Mawrth 1869 fe'i cafwyd yn euog o herwhela yn unig a charcharwyd ef am flwyddyn. Ni chafwyd digon o dystiolaeth i gyhuddo Henry Jones. Ond ble'r oedd Wil Cefn Coch, neu William Richards? Doedd pobl y Mynydd Bach ddim yn barod i helpu'r awdurdodau. Yn wir, aethant ati'n fwriadol i'w guddio.

Yn ystod ei gyfnod o guddio a ffoi, trodd Wil Cefn Coch yn arwr gwerin gwlad. Erbyn hyn mae ffaith a chwedl wedi mynd yn un, ond mae'r hanesion, boed wir neu gau, yn dal yn fyw yn y fro.

Nid yw'n debygol i Wil adael yr ardal am ddau neu dri mis ar ôl mynd ar ffo. Dywedir amdano unwaith iddo guddio mewn melin. Ar y pryd roedd olwyn y felin yn troi wrth i'r ffermwr falu ŷd, ond yr hyn na wyddai'r heddlu oedd bod Wil yn cuddio ym mhwll y rhod.

Bryd arall, clywyd bod Wil mewn ffermdy cyfagos lle'r oedd gwraig y fferm newydd eni baban. Chwiliwyd y fferm yn drwyadl, ond ni chafwyd hyd iddo – roedd Wil yn gorwedd o dan y dillad yn y gwely lle'r oedd y fam yn bwydo'i baban newydd-anedig.

Clywyd fod Wil ar ymweliad â'i gartref a chyrhaeddodd y plismyn gan ofyn i'w fam a oedd ei mab yno. Mewn rhwystredigaeth gwaeddodd honno, 'Ydi!' a chodwyd cymaint o ofn ar yr heddlu fel i un plismon faglu, disgyn a thorri ei goes gan adael i Wil ddianc unwaith eto.

Mae'n debyg mai'r gŵr a drefnai symudiadau Wil o ddydd i ddydd oedd Dafydd Joseph, trwsiwr watsys o Dregaron. Wrth fynd i wneud ei waith o dŷ i dŷ byddai Dafydd yn trefnu gyda'r trigolion pa bryd i ddisgwyl ymweliad gan Wil.

Yn y diwedd cafodd Wil ddigon ar fyw bywyd ffoadur. Dosbarthwyd posteri'n cynnig gwobr o ganpunt i unrhyw un a fyddai'n cynnig gwybodaeth a allai arwain at arestio Wil. Roedd pethau'n poethi, felly trefnodd Dafydd Joseph ynghyd â John Jones, bardd lleol, i symud Wil ar draws gwlad i Lerpwl ac ar long i America. Cerdded wnaeth y tri, gyda Dafydd Joseph wedi defnyddio colur i weddnewid ymddangosiad Wil, ond wedi cyrraedd o'r diwedd i'r dociau yn Lerpwl sylweddolwyd fod pob llong yno o dan wyliadwriaeth. Yr unig ffordd allan o'r wlad oedd gwisgo Wil mewn dillad menyw, a thrwy hynny y llwyddodd i fyrddio'r llong.

Glaniodd Wil yn Pennsylvania a gwneud ei ffordd i Ohio lle'r oedd gwladfa sylweddol o Gymry yn Oak Hill, llawer ohonynt o Sir Aberteifi. Newidiodd Wil ei enw a chafodd waith yno fel gwas fferm. Priododd â Gwyddeles oedd yn forwyn yno, ond ni fu Wil heb ei drafferthion yn y wlad bell ychwaith. Yn ystod dadl mewn bar, taflodd gyllell at ddyn arall, ond yn ffodus ni ddaeth yr awdurdodau ag unrhyw achos yn ei erbyn.

Yn Oak Hill y bu farw Wil, ac mae nifer o Gymry wedi ymweld â'i fedd erbyn hyn. Roedd ef a'i wraig yn ddi-blant felly doedd dim olyniaeth. Hyd ei farw, byddai Wil yn dal i ysgrifennu at ei deulu a'i ffrindiau ar y Mynydd Bach ac, yn wir, mewn llythyr oddi wrth un o'r ffrindiau hynny y clywodd Wil fod yr heddlu wedi llwyddo i ganfod ym mhle'r oedd a'u bod yn ystyried danfon uwch swyddog drosodd i'w ddwyn yn ôl. Atebodd Wil, 'Byddaf yn falch iawn o groesawu unrhyw un o'r hen wlad,' ond ychwanegodd y dylai'r swyddog a ddeuai draw ffarwelio â'i ffrindiau oll gan na wnâi byth fynd adref wedyn. Mae'n rhaid bod y swyddog wedi clywed am hyn oherwydd ni fentrodd neb draw i Oak Hill i geisio estraddodi Wil Cefn Coch.

Goronwy Rees

Mae gan blant y Mans anfantais ddeublyg mewn bywyd. Mae unrhyw lwyddiant a ddaw i'w rhan yn dueddol o arwain at wfftio, a phriodolir y llwyddiant hwnnw i ddylanwad afiach y tad ar rai sydd mewn awdurdod. Os cwymp a ddaw i'w rhan, priodolir hynny wedyn i fethiant y tad druan, am iddo fethu â chadw'i blant dan reolaeth.

Un a wyddai ond yn rhy dda am y ddeuoliaeth hon oedd Goronwy Rees, a orfodwyd i adael ei swydd fel Prifathro Coleg Prifysgol Cymru, Aberystwyth, yn 1957. Tueddir i briodoli ei ymddiswyddiad i sgandal yn ymwneud â'i gyfeillgarwch â chylch o ysbïwyr, ond y gwir amdani yw, hyd yn oed petai Goronwy Rees wedi byw bywyd cwbl ddilychwin, byddai wedi gorfod ildio'i swydd beth bynnag. Pechod mawr mab y Mans yn yr achos hwn oedd gwrthwynebu'r sanhedrin academaidd a chenedlaethol Cymreig.

Ganwyd Goronwy Rees yn y Rhos, neu Ben-y-Geulan erbyn hyn, yn Heol y Gogledd, Aberystwyth. Y Rhos oedd Mans Capel y Tabernacl, Stryd Powell, capel Methodistiaid Calfinaidd nes iddo gau ym mis Hydref 2002. Ei dad oedd y Parchedig Richard Jenkin Rees. Roedd amaethyddiaeth yn y teulu, gyda thaid Goronwy, John Rees, wedi gadael y tir i werthu llaeth yn Llundain. Yn ei gartref yn Stepney Green byddai'n gweithio hefyd fel saer maen ac yn tendio'i wartheg allan ar Wernydd Stepney. Yno ym mherfeddion Llundain creodd y teulu, fel llawer o'u cyd-Gardis, gornel fach o Gymru ym mhrifddinas Lloegr.

Gyda'i fryd ar arbenigo mewn meddygaeth, methodd Richard Jenkin Rees yn ei gwrs cemeg a phenderfynodd fynd i'r weinidogaeth. Priododd yn 1894 ag Apphia Mary James, merch fferm o'r Bow Street. Yn y cyfamser penodwyd ef yn weinidog ar gapel Heol Ala, Pwllheli, ac yna symudodd i gapel Presbyteraidd Clifton Street yng Nghaerdydd.

Erbyn iddo symud i weinidogaethu yn y Tabernacl yn Aberystwyth yn 1903 roedd ganddo ef ac Appiah ddwy ferch eisoes, a ganwyd iddynt ddau fab yn Aberystwyth, Richard Geraint a Morgan Goronwy.

Fel y byddai ei fab ieuengaf ar ei ôl, doedd y tad ddim yn dangos rhyw barch mawr tuag at wleidyddiaeth leol. Disgrifiodd Gyngor y Dref unwaith fel 'Siambr i gnafon a ffyliaid'. Buan y dysgodd Goronwy un o fanteision bod yn fab y Mans: 'Fe'm codwyd yn Galfin, a'm dysgu os byddai rhywun wedi'i eni o blith yr etholedig rai, na wnâi byth beidio â pherthyn – dysgeidiaeth a gafodd effaith ryfedd arnaf.'

Ar ddechrau ugeiniau'r ganrif ddiwethaf, symudodd y teulu'n ôl i Gaerdydd, a theimlai Goronwy iddo gael 'ei daflu allan o baradwys'. Ymddengys iddo adael yr iaith Gymraeg ar ei ôl yn Aber, ac fe'i cawn yn ysgrifennu'n uniaith Saesneg yng nghylchgronau Ysgol Uwchradd Caerdydd. Yn 1928, fe'i derbyniwyd gan Goleg Newydd Rhydychen, ond fel Cymro teimlai fel petai'n ymyrrwr yno. Teimlai, meddai, fel dieithryn mewn meithrinfa lle câi cynnyrch yr ysgolion bonedd eu pesgi fel ffesantod.

Yn Rhydychen teimlai'n euog oherwydd ei fanteision ef o'u cymharu â sefyllfa'r glowyr yn ne Cymru. Iddo ef, y glowyr oedd y rhai a ddangosent wir genedligrwydd. Yn wir, ofnai y byddai Rhydychen yn ei droi'n greadur mor foneddigaidd â'i gyd-fyfyrwyr. Penderfynodd ganolbwyntio ar ysgrifennu, ac ar ôl gadael y coleg cafodd waith fel newyddiadurwr gan y *Manchester Guardian* a'r *Spectator*. Dechreuodd deithio i'r Almaen, Rwsia, Sbaen a gwlad

Tsiec. Roedd yn feddyliwr radical, ac ni allai gredu sut medrai pobl ymddangosiadol gall gael eu twyllo gan ffŵl fel Hitler.

Yn ei erthyglau pregethai ei wrthwynebiad i'r syniad o ehangu prifysgolion i gyfeiriad mwy cymdeithasol, a gwrthwynebai sefydlu neuaddau preswyl, campfeydd ac undebau myfyrwyr. Iddo ef, syniad Seisnig oedd hwnnw. Teimlai fod llyfrgelloedd yn bwysicach i brifysgolion nag ydoedd pyllau nofio.

Er yn genedlaetholwr o ran y syniad o hunanlywodraeth, doedd ganddo ddim amynedd o gwbl gyda sefydliadau hunanhyrwyddol Gymraeg a Chymreig fel yr Eisteddfod, ac er y cefnogai gael Senedd i Gymru, roedd yn feirniadol iawn o genedlaetholwyr.

Yna, ymunodd Goronwy â'r Royal Artillery gan gael ei ddyrchafu'n Ail Lefftenant yn y Ffiwsilwyr Cymreig. Yn 1940 priododd â Margaret Morris o Lerpwl, merch i warantydd arian. Ar ddiwedd ei dymor yn y fyddin ailgydiodd yn ei waith gyda'r *Spectator*. Yna, cytunodd i gael ei enwebu fel darpar ymgeisydd Rhyddfrydol dros Gaernarfon. Cymerodd dro arall yn ei fywyd wedyn drwy ymuno â chwmni metel Pontifex fel gweinyddwr. Dyma pryd, yn ôl rhai, y dechreuodd Goronwy Rees wneud gwaith cyfrinachol i MI6.

Trodd wedyn yn ôl at y byd addysg a chael ei benodi'n fwrsar yn All Souls yn Rhydychen. Yna, ym mis Mai 1953, cymerodd, yn ôl ei dystiolaeth ei hun, y cam gwacaf iddo'i gymryd erioed drwy dderbyn swydd Prifathro yn Aberystwyth. Nid Aberystwyth ei blentyndod oedd y dref bellach. Roedd cyfeillgarwch cymdeithasol Goronwy Rees â'r myfyrwyr yn rhywbeth na ellid ei dderbyn. Pechod mawr arall oedd ei gyfeillgarwch â ffrindiau hoyw, ac ar ben y cyfan cychwynnodd storïau gylchredeg yn y *People* am ei gyfeillgarwch ag ysbïwyr fel Guy Burgess a Donald Maclean a'i adnabyddiaeth o Anthony Blunt. Fel petai hyn oll ddim yn ddigon, llwyddodd hyd yn oed i bechu rhai am iddo wisgo sanau gwyn!

Priodolir penderfyniad Goronwy Rees i ymddiswyddo yn 1967 fel ymateb i'r sgandal ysbïo, ond y gwir amdani yw bod academyddion cenedlaethol a thraddodiadol Cymru am ei waed o'r dechrau. Mynnai Goronwy Rees mai sefydliad i hybu addysg ddylai Prifysgol Cymru fod, yn hytrach na sefydliad i hybu Cymreictod. O dan ddylanwad Syr David Hughes Parry a Syr Ifan ab Owen Edwards doedd gan y Prifathro ddim dewis. Trefnwyd ymchwiliad i'w ymddygiad, ac er i'w waith o ran gweinyddu'r Coleg brofi'n foddhaol iawn, penderfynodd Adroddiad Willink ei ddamnio yn dilyn yr adroddiadau amdano yn y *People*.

Ar ôl gadael Aberystwyth, bu bywyd Goronwy Rees – gyda gwraig a phedwar o blant i'w cynnal ac un arall ar y ffordd – yn un llwm. Trodd at waith radio ac ysgrifennu gan gyhoeddi un o'i gyfrolau hunangofiannol, *A Bundle of Sensations*. Dioddefodd ergyd drom pan fu farw ei wraig yn 1976. Dair blynedd yn ddiweddarach, ar 12 Rhagfyr 1979, bu yntau farw o gancr yn Ysbyty Charing Cross, Llundain.

Olynwyd Goronwy Rees fel Prifathro gan Thomas Parry, un a oedd yn y mowld cywir fel Cymro a chenedlaetholwr da, ond tybed – petai'r Marcsydd Goronwy Rees yn dal yn Brifathro yn 1969 – a fyddai wedi derbyn mab y Frenhines yn fyfyriwr?

trwy garedigrwydd Llyfrgell Genedlaethol Cymru

George Powell

Ar y muriau y tu mewn i eglwys hynafol Llanbadarn Fawr, lle bu Sulien yn cynnal ysgol dros fil o flynyddoedd yn ôl, ceir meini coffa i aelodau un o deuluoedd bonedd mwyaf nodedig yr ardal, sef Powelliaid Nanteos. Fe barhaodd eu cysylltiad â Nanteos am 250 o flynyddoedd, ac wrth ddarllen y beddargraffiadau ar y meini mae modd eu holrhain o'r uniad priodas a arweiniodd at ddyfodiad y Powell cyntaf i'r plas hyd ganol y ganrif ddiwethaf, pan fu farw'r olaf o'r llinach.

Dim ond un aelod o'r teulu a gladdwyd y tu allan i furiau'r eglwys. George Powell oedd hwnnw, un a fu'n sgweier Nanteos am bedair blynedd. Claddwyd George mewn bedd cyffredin a di-nod wrth ystlys yr eglwys sy'n wynebu'r ffordd fawr. Heddiw mae drain ac ysgall yn cuddio bedd dafad ddu'r teulu Powell.

Roedd George yn enigma. Yn ddisgynnydd i linach o filwyr nodedig, roedd yn casáu rhyfel. Yn ddisgynnydd i linach o helwyr amlwg, roedd yn casáu hela. Yn ddisgynnydd i linach a fu'n amlwg mewn gwleidyddiaeth leol a Phrydeinig, roedd yn casáu unrhyw beth yn ymwneud â gwleidyddiaeth. Yn ddisgynnydd i deulu a roddai bwyslais ar olyniaeth, roedd George yn wrywgydiwr.

Roedd George yn hoff iawn o'r celfyddydau cain. Roedd yn gyfarwydd â Wagner ac Offenbach, Liszt a Clara Schumann. Ysgrifennai'n rheolaidd at Longfellow. Roedd yn ffrind personol i Swinburne ac yn hanner-addoli'r Marquis de Sade.

Mae'n debyg i George a Swinburne gyfarfod yn Eton, lle datblygodd y ddau, yn dilyn y defnydd o'r gansen fel cosb, hoffter at fasochistiaeth. Cadwai'r ddau dŷ yn Normandi lle byddai bob amser griw dihysbydd o fechgyn ifanc yn tendio arnynt. Cadwent fwncïod hefyd, a hynny am resymau digon amheus, ac fe ddywedodd neb llai na Guy de Maupassant fod Powell wedi gweini iddo fwnci wedi'i rostio. Mynnai hefyd fod ganddo law ddynol wedi'i phiclo, a defnyddiai hi ar ei ddesg i gadw papurau yn eu lle. Mae'n debyg yr hoffai George sugno ar fysedd y llaw fferllyd!

Daeth arferion rhyfedd Powell mor amlwg fel i Ralph Waldo Emerson ei gyhuddo'n gyhoeddus o fod yn sodomiad, cyhuddiad a wadwyd yn llwyr ganddo. Mae'n bosibl mai fel ymateb i'r cyhuddiad hwn yr aeth Swinburne ati i geisio profi nad oedd ef o'r un tueddiad drwy fynychu puteindy yn St John's Wood a gwahodd Powell i ymuno ag ef yno.

Am ryw reswm, daeth George o dan ddylanwad diwylliant a hanes Gwlad yr Iâ. Cyhoeddodd gyfrolau o'i farddoniaeth ei hun o dan y ffugenw Mjolnir, sef yr enw ar forthwyl y duw rhyfel, Thor. Ond erbyn hyn roedd ei arferion rhywiol a'i yfed trwm wedi ei wneud yn esgymun gan y teulu. Gwaharddwyd ef a Swinburne o Nanteos, ond byddai Swinburne yn dal i ymweld â'r ardal gan aros gyda George yn Aberystwyth. Amlygodd George ei werthfawrogiad drwy gyflwyno i'r bardd rai o lythyron de Sade, gwialen fedw a ddefnyddiwyd yn Eton, a llun o'r dodrefnyn a ddefnyddid ar gyfer clymu disgyblion arno i'w chwipio.

Erbyn hyn roedd chwedl Cwpan Nanteos wedi lledaenu'n eang. Yr hanes a grëwyd oedd mai hwn oedd y Greal Sanctaidd a gludwyd yn wreiddiol i Glastonbury ac yna i Ystrad Fflur lle cafodd ei ddefnyddio fel Cwpan Iacháu cyn i fynach ei achub rhag milwyr Lloegr pan ddiddymwyd y fynachlog a'i ddwyn yn ddiogel i Nanteos. Honnwyd ymhellach i Wagner ymweld â'r plas ac iddo wirioni cymaint ar y chwedl fel iddo gyfansoddi'r opera *Parsifal*. Ffantasi lwyr oedd hyn, er ei bod hi'n debygol i George gyfarfod â'r cyfansoddwr.

Er gwaetha'i ffordd ryfedd o fyw, etifeddodd George blasty Nanteos. Dywedir i'w dad unwaith, er mwyn ceisio creu diddordeb ynddo mewn hela, gyflwyno iddo ddryll hela a rhoi gorchymyn iddo fynd allan i saethu rhywbeth. Am unwaith, ufuddhaodd George i orchymyn ei dad. Aeth allan a saethu eidion gorau stad Nanteos.

Nid yn unig y bu i George etifeddu Nanteos, ond fe fentrodd briodi hefyd, er mai priodas wedi'i threfnu er mwyn taflu llen dros fywyd rhywiol George oedd hi. Dywedir mai morwyn fach a fu'n tendio ar George tra oedd yn gwaelu yn ardal Wdig oedd ei wraig. Yn fuan wedi marwolaeth George, fe ailbriododd hi a symud i fyw i America.

Bu farw George yn 1882, a hynny, yn ôl papur lleol, o effeithiau cramp eithafol. Claddwyd y cyntaf – a'r olaf – o'r teulu Powell y tu allan i furiau'r eglwys.

Er gwaethaf ei foesoldeb amheus, roedd i George lawer o agweddau cadarnhaol. Roedd yn gasglwr toreithiog o lyfrau, dogfennau a lluniau a chyflwynodd y rhan fwyaf o'i gasgliadau i'r Brifysgol yn Aberystwyth ac i sefydliadau lleol eraill. Ceisiodd sefydlu oriel gelf yn y dref, ac er gwaetha'i ddiffyg diddordeb mewn gwleidyddiaeth, fe'i gwnaed yn Uchel Siryf Ceredigion.

Saif Plas Nanteos o hyd, bron yn ddigyfnewid o ran ei ffurf o ddyddiau George. Erys ar ei ôl hefyd y Stafelloedd Ymgynnull a godwyd ar gyfer dawnsfeydd a pherfformiadau cerddorol a chwaraeon. Erys cwpan enwog mewn banc yn ardal Amwythig, ac er bod sôn am ysbrydion yn cyniwair yn Nanteos does neb, hyd yma, wedi gweld ysbryd yr hen George.

O linach y teulu Powell, a fu'n ei lordio hi am ddwy ganrif a hanner yn Nyffryn Paith ger Aberystwyth, does dim amheuaeth mai George oedd y cymeriad rhyfeddaf o blith teulu rhyfeddol.

Plas Nanteos
© Rowan O'Neill

Murray Humphreys

Pa Gymro ddaeth agosaf at fod yn brif ddyn yn y Tŷ Gwyn yn Washington? Byddai rhai haneswyr yn enwi Charles Evans Hughes a ddaeth o fewn trwch blewyn i guro Woodrow Wyatt yn 1916, ond byddai eraill yn enwi rhywun gwahanol, Murray Humphreys, gan mai ef fu'n bennaf cyfrifol am sicrhau gorseddiad Dwight D. Eisenhower yn Arlywydd yn 1953.

Gangster, nid gwleidydd, oedd Murray Humphreys. Nid ef oedd y gangster diwethaf – ac nid ef fydd yr olaf ychwaith – i ddylanwadu ar wleidyddiaeth. Humphreys, neu Murray the Hump, oedd olynydd Al Capone fel prif gangster Chicago.

Mab i Brian ac Ann Humphreys, Cymry Cymraeg o Garno a ymfudodd i Chicago, oedd Llywelyn Morris Humphreys. Fel bachgen papur newydd dysgodd am fywyd y stryd yn gynnar. Fe'i ganwyd yn North Clark Street, yr union stryd lle digwyddodd Cyflafan Dydd Sant Ffolant, a drefnwyd yn 1929 gan Humphreys ei hun.

Teimlai'r teulu mor falch o'u gwreiddiau Cymreig fel iddynt wrthod y cyfle i fod yn ddinasyddion Americanaidd. Dysgodd y mab Gymraeg yn y wlad bell, a gwelwyd arwyddion cynnar o'r hyn oedd i ddod wrth iddo ennill rheolaeth lwyr dros werthu papurau yn ei stryd. Trodd at dorcyfraith a daeth o dan ddylanwad y Barnwr Jack Murray gan fabwysiadu ei gyfenw ef fel enw cyntaf.

Erbyn y Gwaharddiad, sef y Ddeddf Gwahardd Alcohol yn ugeiniau'r ganrif ddiwethaf, roedd Humphreys yn un o ddienyddwyr personol Al

Capone – tipyn o gamp i Gymro mewn cyfundrefn a oedd bron gant y cant yn Eidalaidd. Talodd Capone deyrnged gynnes iddo. 'Gall unrhyw un ddefnyddio gwn,' meddai, 'ond mae'r Hump yn defnyddio'i ben.'

O ran ei ymddangosiad roedd Murray the Hump, neu'r Camel, yn ddyn trwsiadus a golygus, ond y tu ôl i'r gŵr bonheddig yr olwg llechai gangster didrugaredd. Dywedir iddo nid yn unig drefnu Cyflafan Dydd Sant Ffolant ond iddo hefyd gymryd rhan bersonol yn y dienyddio pan saethwyd chwech o aelodau gang Bugs Moran yn farw gan ddynion yn gwisgo lifrai plismyn.

Datblygodd Humphreys i fod yn drefnydd personol i Capone. Petai un o ddynion y Capo yn wynebu cyhuddiad mewn llys barn, gallai Capone ddibynnu ar y Camel i drefnu'r amddiffyn ac i lwgrwobrwyo aelodau o'r rheithgor a hyd yn oed ambell farnwr. Ef berffeithiodd y Pumed Gwelliant, sef gwrthod ateb cwestiwn ar y sail y medrai hynny ei argyhuddo ef.

Erbyn 1930 roedd y Cymro'n gyfrifol am 70 y cant o lwgrfasnachu Chicago, busnes a oedd yn gyfrifol am greu incwm o 80 miliwn doler y flwyddyn. Pan garcharwyd Capone fe'i olynwyd fel y 'Godfather' gan Humphreys. Olynodd Capone hefyd fel y prif elyn cyhoeddus. Methodd holl ymdrechion yr Arlywydd Hoover â rhwydo'r Camel, a phan fu farw Al roedd Humphreys yn un o ddim ond deg o alarwyr a gafodd y fraint amheus o fod ar lan y bedd.

Pan ddiddymwyd y Gwaharddiad yn 1933, gan ganiatáu i alcohol lifo'n gyfreithlon eto, trodd Humphreys at ddulliau eraill o greu arian – llwgrfasnachu, hapchwarae a phuteinio yn ogystal â chreu busnesau eraill cyfreithlon. Llwyddodd i ennill grym dros holl undebau Hollywood fel mai ef, i bob pwrpas, oedd yn rheoli'r diwydiant ffilm yno. Adroddodd Llywela, merch Humphreys, stori amdani hi a'i mam yn ymweld â'r set yn Hollywood lle'r oedd Joan Crawford yn ffilmio. Gwrthododd y seren honno fynd ymlaen â'r ffilmio nes i'r ddwy adael. Ymateb pennaeth y stiwdio oedd rhybuddio Joan Crawford, 'Naill ai mae'r rhain yn aros – neu rwyt ti'n mynd, a dyna ddiwedd ar dy yrfa di fel actores.' Yn naturiol, aeth y seren ymlaen â'r ffilmio.

Llwyddwyd o'r diwedd i ddod ag achos llwyddiannus yn erbyn Humphreys yn 1934, a charcharwyd ef. Daeth allan yn gryfach nag ydoedd cynt drwy iddo ledaenu ei ddylanwad i Las Vegas, Nevada a hyd yn oed i Ciwba.

Yn 1959 profodd Humphreys ei glyfrwch pan gafodd ei wysio i ymddangos mewn llys i ateb cwestiynau am dorcyfraith cyfundrefnol. Ymddangosodd wedi'i wisgo fel cardotyn gyda chlwt dros un llygad ac yn anadlu'n drwm. Cafodd ei esgusodi rhag tystiolaethu. Unwaith y gadawodd y llys, diosgodd ei ddillad ffug ac aeth ef a'i ddynion i ddathlu mewn tafarn gyfagos.

Pan addunedodd Robert F. Kennedy fel Prif Gwnsel y Pwyllgor Torcyfraith Seneddol y byddai'n difetha'r Maffia fe'i perswadiwyd i newid ei feddwl gan Murray drwy iddo roi ei gefnogaeth i John Kennedy, brawd Robert, yn yr ymgyrch arlywyddol. Y tro hwn, fodd bynnag, cefnogodd y ceffyl anghywir gan i John Kennedy fethu â chael gwared â Castro o Ciwba, a fyddai wedi agor y drws i'r Mob. Ar ben hynny, dewiswyd Robert Kennedy fel Twrnai Cyffredinol.

Ysgarodd Humphreys â'i wraig yn 1959 a phriododd ferch oedd 25 mlynedd yn iau nag ef. Roedd ei wraig newydd wedi bod yn briod â chyfrifydd yn y Mob. Llofruddiwyd hwnnw gan Humphreys pan drywanodd ef â phicas rew. Parhaodd i fyw ar lan y llyn ym Marina City Tows, un o'r mannau mwyaf ffasiynol yn Chicago, gan dreulio'i wyliau'n rheolaidd yn Florida.

Bu farw yn 1965 o drawiad ar y galon yn dilyn ymgais i'w arestio, tynged wahanol iawn i'r rhelyw o benaethiaid y Mob. Bu farw'r mwyafrif ohonynt trwy gael eu saethu neu eu chwythu'n yfflon gan ffrwydron. Trengodd y Camel mewn dull mor annisgwyl fel i bennawd un o'r papurau newydd gyhoeddi, 'Bu farw Humphreys o achosion annaturiol'.

Dywedir i Humphreys dalu ymweliad â Charno a hen gartref ei rieni yn 1963. Teithiodd, yn ôl yr hanes, o dan enw ffug a dywedodd ei ferch wedyn fod ganddi ffilm a dynnwyd o'r ardal gan ei thad, yn cynnwys ei ymweliad â gwasanaeth yn y capel lleol.

A beth am yr honiad mai Humphreys fu'n gyfrifol am orseddu Dwight D. Eisenhower fel Arlywydd? Cafwyd y dystiolaeth gan Llywela, a newidiodd ffurf ei henw i Louella. Adroddodd yr hanes am ddyn dieithr yn galw i weld ei thad a chriw o'i ffrindiau. Fe fu trafodaeth hir a dwys ac wedi i'r dyn dieithr adael, gofynnodd Humphreys i'w ferch am ei barn amdano. Atebodd Llywela ei fod yn ddyn ffeind iawn.

'Rwy'n falch dy fod ti yn ei hoffi,' meddai Humphreys, 'gan mai ef fydd Arlywydd nesaf America.' A gwir a ddywedodd.

Joseph Jenkins

Disgrifiwyd Joseph Jenkins gan yr Athro Hywel Teifi Edwards fel yr alltud rhyfeddaf y gwyddai amdano. Esgyrn sychion ei hanes yw iddo deithio'r holl ffordd o Dregaron i Awstralia a chrwydro fel swagman yn y wlad anferth honno. Yna, wedi dros chwarter canrif yn alltud, teithiodd yn ei ôl i Dregaron unwaith eto.

Ond o roi cig ar yr esgyrn, ni allai'r un dramodydd, fel y dywedodd ei gofiannydd, Bethan Phillips, fod wedi mentro creu cymeriad tebyg i Joseph Jenkins. Am ugain mlynedd bu'n ffermio Trecefel ger Tregaron, ond daeth problemau personol i'w ran a phenderfynodd ei ddadwreiddio'i hun. Felly, ym mis Rhagfyr 1868, ac yntau'n hanner can mlwydd oed, cododd ei bac ac anelu am stesion Tregaron. Pen y daith yn gyntaf oedd Aberystwyth, lle prynodd docyn trên arall am Lerpwl, ac oddi yno bwriadai hwylio am Awstralia.

Brodor o Ddyffryn Aeron oedd Joseph Jenkins. Ganwyd ef yn ffermdy Blaenplwyf yn un o dri ar ddeg o blant. Daeth brawd iddo, John, yn enwog fel bardd, gan fabwysiadu'r enw barddol Cerngoch. Yn wir, roedd Joseph ei hun yn fardd hefyd, yn un ymhlith nythaid o feirdd yn Nyffryn Aeron. Mabwysiadodd yr enw barddol Amnon II, ond cymwynas fawr Joseph â'i genedl oedd iddo gadw dyddiadur hynod o fanwl ar hyd y blynyddoedd.

Dengys ei nodiadau dyddiadurol iddo fwynhau'r ddiod gadarn, a bu hynny'n broblem iddo drwy ei oes. Dechreuodd garu ag Elizabeth Evans, merch fferm Tynant, a phriodwyd hwy ar 31 Gorffennaf

1846. Ymhen ychydig flynyddoedd, ymfudodd dau o'i frodyr gan ymsefydlu yn Wisconsin. Tybed a fu hynny'n symbyliad i Joseph adael yn ddiweddarach ar daith lawer pellach? Yn y lle cyntaf, bodlonodd Joseph a'i wraig a'i blentyn newydd-anedig ar fynd cyn belled â Thregaron yn unig, i ffermio Trecefel. Hwy oedd yr unig deulu Undodaidd yn y cylch, ond yna fe drodd Joseph i fod yn eglwyswr selog. Fe'i gwnaed hefyd yn Gwnstabl Plwyf, a dechreuodd droi mewn cylchoedd pwysig gan ei daflu ei hun i wleidyddiaeth leol. Daeth yn ffrindiau â theulu Powell Nanteos, teulu Vaughan y Trawscoed a David Davies Llandinam.

Dros y blynyddoedd ychwanegwyd pum plentyn arall at y teulu – mab arall a phedair merch. Bu farw'r mab hynaf, Jenkin, yn 17 mlwydd oed. Ar ôl degawd llwyddiannus o ffermio, dechreuodd ffawd Joseph Jenkins droi. Dechreuodd ei ffortiwn edwino, aeth i ddyled ac aeth hefyd i yfed yn drymach. Roedd pethau mor ddrwg nes i Elizabeth benderfynu mynd adref i fyw at ei theulu a phenderfynodd Joseph adael am y wlad bell gan deimlo fod pawb a phopeth yn ei erbyn.

Gadawodd Lerpwl ar yr *SS Eurynome* fel teithiwr ail ddosbarth. Wedi tri mis o fordaith stormus, glaniodd y llong yn Port Phillip ac aeth Joseph yn ei flaen am Melbourne. Cariai ei holl eiddo ar ei gefn, gan gynnwys ei Feibl Cymraeg, llyfrau barddoniaeth a'i ddyddiaduron. Ond fel y mab afradlon gynt, roedd Joseph wedi cyrraedd gwlad oedd yn waeth o lawer na'r un a adawsai. Doedd fawr ddim gwaith ar ei gyfer ar y tir, a'r unig ateb oedd mynd yn swagman. Aeth ei deithiau ag ef trwy ddiffeithwch a thrwy'r gwyllt. Cyrhaeddodd y tiroedd cloddio aur yn Victoria, ond buan y sylweddolodd fod mwy o arian i'w gael o drin y tir yn Nhrecefel nag oedd o aur o dan y tir yn Awstralia.Yn Ballarat bu'n cystadlu yn yr eisteddfod; yn wir, bu'n fuddugol ar yr englyn yno am dair blynedd ar ddeg yn olynol.

Cododd ei bac gan deithio tua Castlemaine, Taradale a Maldon. Crwydrodd o fferm ddefaid i fferm ddefaid. Câi waith achlysurol yn trin y tir, yn torri coed ac yn cneifio.

Aeth teithiau Joseph Jenkins ag ef ar grwydr o Melbourne a Geelong yn ne Victoria ac ar draws o Skipton i Castlemaine. Derbyniai ambell lythyr o'i gartref ac un dydd, er mawr sioc a galar iddo, darllenodd i'w fab, Lewis, farw yn ugain oed. Er gwaetha'r hiraeth, arhosodd yn y wlad bell gan ddechrau ymhél â gwleidyddiaeth.

Tystia ei ddyddiaduron i hynt a helynt ei fywyd dros y blynyddoedd. Aeth yn ôl i Ballarat, ac ar ddydd Nadolig 1869 gwnaeth araith ar ffurf 22 o benillion o lwyfan yr eisteddfod yno. Clywodd am farwolaeth ei fam. Ar ddiwedd 1873 ymunodd â mudiad dirwestol. Y flwyddyn ddilynol, dioddefodd o salwch drwg a chafodd ei frathu, nid am y tro cyntaf, gan sarff wenwynig. Fis Mehefin 1876 clywodd am farwolaeth ei dad-yng-nghyfraith. Ym mis Chwefror 1877 mae'n adrodd iddo aredig un erw ar ddeg o dir mewn wyth diwrnod. Ar ddydd Gŵyl Ddewi 1878 enillodd y wobr gyntaf, fel arfer, ar yr englyn yn Ballarat. Erbyn 1879 ymddengys fod ei iechyd gryn dipyn yn well. Yn 1880 ymddiddorai Joseph yn helynt yr herwr Ned Kelly, gan ddanfon hanesion am Kelly a'i gang i'w deulu adref. Yn 1882 cododd gaban iddo'i hun yn North Walmer, a hwn oedd ei gartref sefydlog cyntaf ers iddo gyrraedd Awstralia. Yna clywodd am farwolaeth un arall o'i blant, Margaret, yn 32 mlwydd oed. Treuliodd hanner 1883 yn ddi-waith cyn cael gwaith parhaol gyda'r Cyngor yn Maldon yn glanhau ffyrdd am bunt yr wythnos. Yn ystod haf 1887 cawn ei hanes yn cymryd Aborigini i mewn i'w gaban am fwyd a llety.

Ac yntau bellach yn 72, teimlai'n rhy hen a llesg i weithio. Clywodd wedyn am farwolaeth ei fab, Ieuan, o'r dwymyn goch ac yna, ym mis Mai 1894, am farwolaeth ei frawd, Cerngoch. Y colledion hyn a wnaeth iddo benderfynu mynd adref o'r diwedd – cyn y byddai pob un o'i gyfoedion a'i deulu wedi mynd o'i flaen. Llwyddodd i grafu digon o arian ynghyd i adael Awstralia ar yr *SS Ophir*. Cyrhaeddodd i Lundain ddechrau mis Ionawr 1895, ac yno'n disgwyl amdano ar y cei roedd pum perthynas iddo. Ni wnaeth yr un ohonynt ei adnabod gan fod Joseph, erbyn hyn, yn hen ŵr, yn grwm ac yn fusgrell. Ddeuddydd yn ddiweddarach roedd Joseph yn ei ôl yn Nhrecefel, ond teimlai fel estron yn ei wlad ei hun.

Bu farw ar 26 Medi 1898 ac fe'i claddwyd ym mynwent Capel y Groes, Llanwnnen. Bellach, ym mhen draw'r byd ym Maldon ceir ffynnon goffa i'r swagman o Dregaron. Mae ei ddyddiaduron ar restr ddarllen holl ysgolion uwchradd Victoria ac mae pobl yn heidio i ddilyn y *Swagman's Tour*. Yr eironi yw fod Joseph Jenkins yn cael ei werthfawrogi'n fwy yn Awstralia bell nag y mae yma yng Nghymru.

© Bryan Wharton

Mandy Rice-Davies

Pan gollodd y Ceidwadwyr yr Etholiad Cyffredinol yn 1964, priodolwyd hynny i'r sgandal yn ymwneud â John Profumo, yr Ysgrifennydd Gwladol dros Ryfel. Atseiniodd y sgandal honno ledled y byd ac, yn ganolog i'r cyfan, roedd merch ifanc o dde-orllewin Cymru.

Merch o Bont-iets oedd Mandy Rice-Davies, enw a gaiff ei gysylltu am byth â Christine Keeler. Rhyngddynt, sicrhaodd y ddwy y byddai'r papurau newydd yn llawn o'r slebogeiddiwch gwleidyddol mwyaf i ymddangos ar y tudalennau blaen yn ystod ail hanner y ganrif ddiwethaf.

Roedd sgandal Profumo yn nodweddiadol o'r cyfnod. Gwelwyd diwedd culni cymharol y pumdegau a dechrau ar gyfnod o ryddid rhywiol. Ar gyfartaledd, roedd poblogaeth Prydain yn ifanc o ran oedran; roedd babanod cyfnod diwedd y rhyfel bellach yn eu harddegau ac yn teimlo'n llai piwritanaidd ynghylch rhyw a moesoldeb. Yn Llundain, roedd y clybiau nos yn ffynnu a phuteinio'n ddiwydiant llewyrchus.

Symudodd Mandy Rice-Davies i Birmingham yn ifanc. Edrychai'n llawer hŷn na'i hoedran. Yn wir, ymddangosai mor soffistigedig fel iddi gael swydd yn 15 oed yn modelu dillad i siop Marshall and Snelgrove. Yna symudodd i Lundain lle byddai'n ymddangos yn fronnoeth yng nghlwb nos Murray's yn Soho. Yma y cyfarfu â Christine Keeler, oedd hefyd yn fodel. Roedd honno wedi dianc o'i chartref yn 16 oed.

Tueddai'r ddwy ffrind i droi mewn cylchoedd cymdeithasol amheus iawn, ar y naill law yng nghwmni gwleidyddion a gweision sifil ac ar y llaw arall yng nghwmni gangsters Caribïaidd. Daeth Keeler yn ffrindiau â Stephen Ward, osteopath amlwg a fyddai, yn ei amser hamdden, yn gwneud lluniau o bobl gyfoethog. Roedd Ward yn enwog am ei bartïon gwyllt a meddw, ac ef fu'n gyfrifol am gyflwyno'r ddwy ffrind i rai o gylchoedd crachaidd Llundain.

Dechreuodd Ward a Keeler dreulio penwythnosau ym mwthyn yr Arglwydd Astor yn Cliveden, ac yn y fan honno y daethant yn ffrindiau â John Profumo. Y tro cyntaf i'r Gweinidog weld Keeler, roedd Ward wedi trefnu iddi ddenu ei sylw drwy nofio'n noeth yn y pwll yn yr ardd. Syrthiodd y gwleidydd, a oedd eisoes yn briod â'r actores Valerie Hobson, dros ei ben a'i glustiau mewn cariad â Keeler. Yn y cyfamser byddai Keeler hefyd yn treulio amser yng nghwmni Eugene Ivanov, swyddog gyda llynges Rwsia ac, yn ôl rhai, ysbïwr.

Dyma gyfnod y Rhyfel Oer, cyfnod pan ddychmygid bod Comiwnydd yn llechu o dan bob gwely, ond yn achos Ivanov nid o dan y gwely ond *yn* y gwely y treuliai ef y rhan fwyaf o'i amser, a hynny yng nghwmni Keeler a Rice-Davies. Yn ystod argyfwng Cuba dywedodd Ivanov wrth Ward fod Llywodraeth Rwsia wedi ei gyfarwyddo i drafod gyda Llywodraeth Prydain. Trefnodd Ward i William Shepherd, a oedd yn Aelod Seneddol Torïaidd, gyfarfod ag Ivanov. Dechreuodd hwnnw amau pethau ac aeth at MI5.

Yn y cyfamser roedd Keeler a Rice-Davies wedi dod i sylw'r wasg oherwydd eu perthynas â gangsters o India'r Gorllewin. Daeth yr FBI yn rhan o'r stori, gydag asiant cudd yn dilyn y ddwy ferch i bobman.

Soniodd George Wigg am berygl y sefyllfa ar lawr Tŷ'r Cyffredin ym mis Mawrth 1963. Nid oedd Profumo yn bresennol, ond gwnaeth y camgymeriad dybryd o wadu popeth gan fygwth y gyfraith ar unrhyw un a feiddiai ailadrodd yr honiadau y tu allan i furiau'r Tŷ. Llwyddodd hyn i dawelu'r wasg am ychydig, ond ymyrrodd Stephen Ward. Teimlai mai ef oedd y bwch dihangol yng nghanol y cyfan ac aeth â'i wybodaeth at George Wigg ac at MI5. Ddeg wythnos yn ddiweddarach, ymddiswyddodd Profumo.

Torrodd y sgandal a chyhuddwyd Stephen Ward o fyw ar enillion anfoesol ac o gynnal puteindy yn ei gartref. Er mwyn cadw Rice-Davies rhag dianc dramor, ac i sicrhau y gwnâi hi dystio yn erbyn Ward, crëwyd cyhuddiad yn ei herbyn o ffugio trwydded yrru a charcharwyd hi yng Ngharchar Holloway am bythefnos. Yn y llys, cyfaddefodd y ddwy ffrind iddynt dderbyn arian am ffafrau rhywiol, gyda Rice-Davies yn enwi Arglwydd Astor fel un o'r rhai oedd wedi ei thalu. Pan wadodd Astor hynny, cafwyd ateb gan Rice-Davies a ddaeth yn rhan o hanes erbyn hyn: *'He would, wouldn't he?'*

Ar ddiwrnod olaf yr achos, a chyn i'r rheithgor ddod i benderfyniad, lladdodd Ward ei hun drwy lyncu'r cyffur Nembutal. Gadawodd neges ar ei ôl yn dweud nad ofn yn unig oedd yn gyfrifol am iddo gymryd ei fywyd ei hun. 'Mae'n ddymuniad i beidio â gadael iddyn nhw fy nghael i. Gwell gen i fy nghael fy hun,' meddai. Yn ddiweddarach honnodd Keeler fod Ward yn ysbïwr dros y Sofiet, ond anodd credu hynny. Honnodd ymhellach iddi hi, Rice-Davies a Ward gael eu defnyddio fel tri bwch dihangol er mwyn tynnu sylw oddi ar fethiannau asiantaethau diogelwch Prydain. Roedd hynny'n llawer agosach at y gwir.

Wedi i Keeler gael ei charcharu am naw mis am anudoniaeth, neu ddweud celwydd dan lw, galwyd am adroddiad swyddogol ar yr holl fater. Yn yr adroddiad hwnnw, beirniadodd Arglwydd Denning y Llywodraeth am beidio â gweithredu'n ddigon sydyn, er na ddaeth o hyd i unrhyw dystiolaeth o beryglu diogelwch cenedlaethol. Ymddiswyddodd y Prif Weinidog, Harold Macmillan, awdur y dywediad hwnnw, 'Chawsom ni erioed mohoni mor dda.' Yng ngoleuni sgandal Profumo newidiodd *Private Eye* y dywediad i 'Chawsom ni erioed mohoni mor aml'. Olynwyd Macmillan gan Sir Alec Douglas-Home. On'd oedden nhw'n ddyddiau da?

Erbyn hyn caiff yr achos yn erbyn Ward a'r ddwy ferch ei ystyried fel dim byd mwy na sioe er mwyn cuddio ffaeleddau'r gwasanaethau cudd. Pam, er enghraifft, y bu angen clywed tystiolaeth 140 o dystion mewn achos yn ymwneud â byw ar enillion anfoesol?

Yn 1989 saethwyd ffilm wedi'i seilio ar yr hanes dan y teitl *Scandal* gyda Bridget Fonda yn chwarae rhan Mandy Rice-Davies. Ond beth ddigwyddodd i'r prif actorion yn y ddrama go-iawn? Ni ddaeth priodas Profumo a'i wraig i ben. Galwyd Ivanov yn ôl i Foscow. Mae Christine Keeler yn byw bywyd tawel yn Llundain, a gwnaeth y ferch o Bont-iets yn fawr o'i henwogrwydd. Ysgrifennodd ei hunangofiant yn 1980 a nofel yn 1989. Bu'n rhedeg nifer o glybiau nos yn y Dwyrain Canol ac erbyn hyn mae hi'n byw yn America, lle mae hi'n fam-gu.

Twm Siôn Cati

Ceir dau Dwm Siôn Cati o fewn yr un bersonoliaeth, a'r ddau mor wahanol i'w gilydd â Jekyll a Hyde. Yn y llyfrau hanes cydnabyddedig mae'r naill, Thomas Jones, yn fonheddwr dysgedig, tra bod cof cenedl yn ein cyflwyno i Twm Siôn Cati, herwr lliwgar a dyfeisgar a blediai achos y tlawd a'r gwan yn erbyn yr ariannog a'r pwerus.

O ran y ffeithiau a wyddom amdano, ganed Thomas Jones tua 1530, a hynny ym Mhorth y Ffynnon neu Fountain Gate ar y ffordd allan o Dregaron ar hyd ffordd y mynydd am Gwm Berwyn. Credir ei fod yn blentyn siawns i ŵr o uchel dras. Cawn gan rai mai ei dad oedd Syr John Wynn o Wydir, ond dywed eraill ei fod yn fab i Siôn Dafydd ap Madog ap Hywel Moethen ac mai ei dad-cu ar ochr ei fam, Catherine (neu Cati), oedd Maredydd ap Ieuan ap Robert, aelod o deulu bonheddig.

Adeg y Sêl Fawr yn 1559 credir fod Thomas Jones ymhlith y rhai a dderbyniodd bardwn gan y Frenhines, ond pardwn am beth, tybed? A oedd yna sail, wedi'r cyfan, i'r hanesion am Twm yr herwr?

Un peth sy'n sicr yw bod Thomas Jones yn herodr, yn achyddwr ac yn arwyddfardd o fri. Ceir tystiolaeth iddo gynorthwyo swyddogion y Coleg Arfbeisiau; mae nifer o enghreifftiau o'i waith yn y Llyfrgell Genedlaethol yn Aberystwyth ac yn y Llyfrgell Brydeinig ar ffurf rholiau achau herodrol ar femrwn a llawysgrifau. Cyfeiriwyd at ei ddawn gan arbenigwyr cyfoes fel Lewis Dwnn a George Owen, a bu gohebu rhyngddynt.

Credir hefyd fod Thomas yn fardd a cheir nifer o englynion a rhai cywyddau a briodolir iddo; yn wir, tybir iddo fod yn bresennol fel bardd ordeiniedig mewn eisteddfod a gynhaliwyd yn Llandaf yn 1564.

Yn 1601 daeth yn Ddistain dros Garon a chredir iddo, yn ystod y cyfnod hwn, droi at y gyfraith a chael ei ethol yn Ynad – stori wahanol iawn i'r hanesion sy'n adrodd amdano'n torri'r gyfraith byth a hefyd. Er, o ran tegwch i'r straeon hynny, dywedir iddo newid ei ffyrdd yn hwyrach yn ei fywyd.

Does dim sôn am bwy oedd gwraig gyntaf Thomas, ond priododd am yr eildro â merch i Syr John Pryce, Aberhonddu. Dywedir ei bod hi'n gyn-wraig i un a fu'n Siryf Caerfyrddin, swydd a etifeddwyd gan Thomas. Bu farw Thomas ddwy flynedd yn ddiweddarach yn 1609 a phrofwyd ei ewyllys yng Nghaerfyrddin.

Ond beth am *alter ego* Thomas Jones, sef Twm Siôn Cati? Yn ei gyfrol *A Topographical Dictionary of Wales* yn 1833, mynnodd Samuel Lewis fod Twm yn enwog am ddwyn oddi ar ei gymdogion a'i fod yn lleidr deheuig a medrus. Hwyrach fod y disgrifiadau hyn ohono yn wir gan iddo ddatblygu mewn chwedlau eraill i fod yn dwyllwr a allai gael y gorau ar ffermwyr ac arglwyddi fel ei gilydd ond iddo lwyddo i osgoi brifo neb yn gorfforol. Twm oedd yr ysbeiliwr craff â chalon feddal.

Mae'r chwedlau amdano'n stôr dihysbydd. Un o'r rhai mwyaf poblogaidd yw honno amdano yn galw gyda siopwr yn Llanymddyfri er mwyn prynu crochan uwd. Dangosodd y siopwr sawl un iddo a chododd Twm un ohonynt i fyny yn erbyn y golau a syllu i mewn iddo. Mynnai y gallai weld twll yn ei waelod. Wrth i'r siopwr afael yn y crochan a chael golwg ei hun ar ei du mewn, gwthiodd Twm y crochan dros ben y siopwr druan, ac yna prysurodd i ddwyn gweddill y crochanau.

Ardal Twm oedd y mynydd-dir garw ac unig rhwng Tregaron a Llanymddyfri, yn cynnwys Llanwrtyd a Rhandirmwyn ym mynyddoedd Cambria. Ger Bryn Dinas, lle mae afon Tywi yn llifo, ceir ogof a gaiff ei hadnabod o hyd fel Ogof Twm Siôn Cati. Erbyn hyn mae'r fangre'n hafan i adar gyda llwybr swyddogol yn arwain o gwmpas y bryn ac at yr ogof.

Aiff cofnodion ysgrifenedig o hanesion am Twm yn ôl i 1810 o leiaf, pan gafodd sylw gan y teithiwr a'r hanesydd Samuel Meyrick yn ei gyfrol bwysig ar hanes Ceredigion. Dilynwyd hyn gan sgets gan W. F. Deacon, *Twm John Catty, the Welsh Robin Hood,* mewn cyfrol o'r enw *The Innkeeper's Album* yn 1823 ac mewn drama gan yr un awdur, *The Welsh Rob Roy.* Cyfrol arall sy'n rhamantu am Twm yw *The Adventures and Vagaries of Twm Shon Cati* gan T. J. Llewelyn yn 1828, cyfrol a ddisgrifiwyd fel y nofel Gymreig gyntaf yn Saesneg.

Yn nes at ein dyddiau ni, cyhoeddodd y *Western Mail* gartwnau o anturiaethau Twm ar ddiwedd y pedwardegau a dechrau'r pumdegau. Yna, ar ddechrau'r saithdegau cynhyrchodd y BBC ddrama deledu uchelgeisiol o'r enw *Hawkmoor* yn cynnwys sêr fel Jane Asher a Tom Owen. Yn anffodus ni fu'n llwyddiannus iawn.

Ceir pob math o hanesion ffansïol am Twm. Dywedir iddo, er enghraifft, ffoi i Genefa ddwy flynedd cyn iddo dderbyn ei bardwn brenhinol ar 15 Ionawr 1559. Does dim amheuaeth i'r hanesion chwedlonol amdano ddod i ben wedi iddo dderbyn y pardwn hwnnw.

Does dim amheuaeth ychwaith am ei allu fel herodr, achyddwr a bardd. Fe'i cyflogwyd gan fonedd Sir Aberteifi i lunio'u hachyddiaeth. Roedd achyddiaeth a llinach yn rhywbeth poblogaidd iawn yn y cyfnod gydag amryw o wŷr mawr yn awyddus i brofi eu bod yn rhan o olyniaeth y Tywysogion. Gadawai hyn y grefft yn agored i dwyll gan achyddion diegwyddor a fyddai'n ddigon bodlon creu cysylltiadau ffug, ond does dim tystiolaeth i Twm fod ymhlith y rhain.

Mae'n amhosibl bellach i ni gael darlun clir o hanes bywyd Thomas Jones, neu Twm Siôn Cati. Yn sicr, does dim dadl nad oedd yn ddyn go-iawn, ond mae'n siŵr iddo fod yn fwy o ysgolhaig nag o gnaf, ac yn fwy o achyddwr nag o walch. Yn hytrach na llyncu'r holl hanesion ffansïol a rhamantus amdano, gwell fyddai rhoi coel ar farn un o'i gydoeswyr, Dr John Davies Rhys, yn ei gyfrol *Welsh Grammar* yn 1592. Ei ddisgrifiad ef o Thomas, neu Twm, oedd 'arwyddfardd mwyaf enwog, medrus a chywir ei gyfnod'.

Elizabeth Jones

Breuddwyd Elizabeth Jones, fel llawer o ferched ifanc eraill ar ddiwedd y pumdegau, oedd cael bod yn un o sêr y sgrin fawr. Ni wireddwyd ei dymuniad ond fe saethwyd ffilm wedi ei seilio ar fywyd y ferch o dde Cymru. Yn anffodus, nid Elizabeth oedd y seren. Yr agosaf y daeth hi i'r sgrin arian mewn gwirionedd oedd fel tywyswraig mewn sinema yn Llundain.

Ganwyd Elizabeth Marina Jones, neu Betty Jones, yng Nghastell-nedd yn 1926. Pan oedd hi'n 13 mlwydd oed dihangodd o'i chartref. Penderfynodd yr awdurdodau ei bod y tu hwnt i reolaeth ei rhieni ac felly fe'i danfonwyd i ysgol warchod, neu 'ysgol plant drwg'. Dair blynedd yn ddiweddarach roedd hi'n briod â chorporal yn y fyddin, gŵr creulon a oedd ddeng mlynedd yn hŷn na hi. Uniad byrhoedlog iawn fu hwn. Trawodd y priodfab hi ar ddiwrnod y briodas, ac o fewn dyddiau gadawodd Betty ef. Symudodd hi i Lundain lle newidiodd ei henw i Georgina Grayson, ac yno cafodd waith fel tywyswraig sinema ac fel dawnswraig egsotig – enw parchus ar ddawnswraig noeth a phutain – yng nghlybiau nos amheus y Panama a'r Blue Lagoon.

Ar 3 Hydref 1944 cyfarfu Elizabeth, a hithau ond yn ddeunaw oed, â dyn a fyddai'n newid ei bywyd yn llwyr, a hynny o fewn wythnos. Ffoadur o fyddin yr Unol Daleithiau oedd Karl Gustav Hulton, a defnyddiai'r ffugenw Ricki Allen. Bu'n aelod o Gatrawd Parasiwt Gwŷr Traed 501. Yno yn Llundain, mewn caffi yn Queen Caroline

Street, sylweddolodd y ddau o'r eiliadau cyntaf bod ffawd wedi eu denu ynghyd. Ar eu noson gyntaf gyda'i gilydd defnyddiodd Hulton y cerbyd milwrol yr oedd wedi ei ddwyn, lori hanner tunnell gyda deg olwyn, i daro merch ifanc oddi ar ei beic a dwyn ei bag llaw.

Trannoeth, cafodd menyw yn cario dau fag trwm gludiant ganddynt. Roedd hi ar ei ffordd i orsaf Paddington. Cyn hir dywedodd Hulton wrthi fod yn rhaid iddo stopio am fod ganddo olwyn fflat. Stopiodd Hulton y cerbyd a tharo'r fenyw â bar haearn. Wrth i Jones ei dal yn llonydd aeth Hulton drwy ei phocedi. Yna cododd y ddau hi a thaflu ei chorff i'r afon. Pum swllt yn unig oedd yr elw o'r ymosodiad.

Roedd sbri marwol Bonnie a Clyde gwledydd Prydain wedi cychwyn. Cyfaddefodd Hulton ran helaeth o'r gwir amdano'i hun, sef iddo ddianc o'r fyddin a dwyn lori, ond aeth ymlaen i fyd ffantasi drwy honni iddo fod yn un o ddynion hur y Mob yn Chicago. Tynnodd bistol o'i boced i brofi hynny. Roedd hyn wrth fodd Betty, a'i breuddwyd erbyn hyn oedd cael bod yn *gangster's moll*.

Y diwrnod canlynol, penderfynodd y pâr chwilio am dafarn fel targed er mwyn dwyn yr arian o'r til, ond yn hytrach na gwneud hynny llogodd y ddau dacsi yn Hammersmith Broadway. Ar ôl cyrraedd man unig rhoesant orchymyn i'r gyrrwr stopio. Saethodd Hulton y gyrrwr, George Heath, yn ei ben a dwyn ei arian a'i gar. Cymerodd Hulton y llyw tra oedd Jones yn mynd trwy bocedi'r gyrrwr marw. Taflwyd corff Heath i ffos ger Knowle Green, a'r diwrnod wedyn aeth y ddau i drac rasio milgwn White City i wario'r arian. Yna aethant ati i werthu'r ychydig eiddo a gymerwyd oddi ar y gyrrwr druan, gan gynnwys pensil metel ac ysgrifbin. Darganfuwyd llyfr siec a thrwydded yrru Heath ar ymyl ffordd y Great Western gan un o'r enw John Jones, prentis o drydanwr, a chyhoeddodd yr heddlu eu bod yn awyddus i ddod o hyd i Heath a'i gar.

Ar nos Sul 8 Hydref aeth y ddau gariad i'r sinema i weld y ffilm *Christmas Holiday* gyda Deanna Durbin yn seren ynddi. Roeddynt yn dal i yrru o gwmpas yn gwbl agored yn y tacsi Ford V8.

Penderfynodd Elizabeth yr hoffai gael côt ffwr. Gadawsant y car y

77

tu allan i westy'r Barkley a disgwyl am fenyw – unrhyw fenyw – a wisgai gôt o'r fath. Penderfynodd y ddau ar gôt wen o groen carlwm a wisgid gan fenyw a oedd ar ei ffordd allan o'r gwesty. Ymosododd Hulton arni ond cyrhaeddodd yr heddlu cyn iddo lwyddo i ddwyn y gôt. Llwyddodd Hulton i ddianc yn y car.

Daeth y diwedd y bore canlynol wrth i blismon, PC William Walters, sylweddoli arwyddocâd y car Ford rhif RD 8955 a welodd wedi'i barcio yn Lurgan Avenue. Galwodd am ragor o blismyn, ac am naw o'r gloch y bore aeth Hulton i mewn i'r car. Fe'i arestiwyd cyn iddo yrru i ffwrdd. Esboniad Hulton oedd iddo ddod o hyd i'r car wedi ei adael ar ochr y ffordd yn Newbury. Arestiwyd Betty Jones hefyd a chyfaddefodd hi'r cyfan. Mynnai iddi weithredu yn sgil ei hofn o Hulton. Arestiwyd Hulton yn ogystal gan swyddogion Byddin yr Unol Daleithiau. Hwy oedd â'r flaenoriaeth arno mewn gwirionedd, ond golchodd yr Americanwyr eu dwylo ohono a'i ddychwelyd i ofal a deddfwriaeth cyfraith Prydain. Daeth enwogrwydd, o ryw fath, i fywyd Elizabeth Jones wrth i'r wasg wneud môr a mynydd o'r milwr Americanaidd a'r ddawnswraig egsotig.

Cychwynnodd yr achos chwe mis cyn Diwrnod Buddugoliaeth yn Ewrop, a chafwyd y ddau yn euog o lofruddiaeth. Crogwyd Hulton yng Ngharchar Pentonville ar 8 Mawrth 1945, wythnos ar ôl ei benblwydd yn 23 oed. Ddau ddiwrnod yn unig cyn dyddiad ei dienyddiad, diddymwyd y gosb eithaf yn achos Elizabeth Marina Jones. Fe'i rhyddhawyd o'r carchar ar drwydded ym mis Mai 1954.

Nid dyna ddiwedd yr hanes. Mewn traethawd ar y dirywiad mewn llofruddiaethau Seisnig, edrychodd George Orwell yn ôl ar lofruddiaethau clasurol Lloegr. Sbardunwyd y traethawd gan hanes Hulton a Jones. Y ddau hyn, yn ôl Orwell, oedd y ddau gyntaf i ladd er mwyn y diawlineb o ladd.

Yna, yn 1990, daeth breuddwyd Betty Jones yn rhannol wir. Ffilmiwyd ei stori hi a Hulton o dan y teitl *Chicago Joe and the Showgirl*. Roedd Kiefer Sutherland yn chwarae rhan Hulton ac Emily Lloyd yn chwarae rhan Elizabeth Jones. Do, fe gafodd y ferch o Gastell-nedd ei phortreadu mewn ffilm, ond nid hi oedd y seren. A dyna oedd swm a sylwedd ei bywyd trist.

Barti Ddu

Heddiw mae pentref Casnewydd Bach ar lethrau'r Preselau yn enwocach fel cartref stablau ceffylau rasio Peter Bowen nag fel man geni un o'r dihirod mwyaf enigmatig yn hanes Cymru. Yma yn 1682 y ganwyd John Roberts. Pwy oedd hwnnw, meddech chi? Ychydig yn llai na 30 mlynedd yn ddiweddarach fe newidiodd ei enw i Bartholomew Roberts, ond ni châi ei adnabod wrth yr enw hwnnw ychwaith. Yn hytrach daeth yn enwog fel Barti Ddu, helgi'r tonnau. Mae'r enw Barti yn ei esbonio'i hun. Ychwanegwyd yr ail elfen am y rheswm syml ei fod yn ddyn tal, tywyll, ond yn ogystal â hynny, bu'n gyfrifol am weithredoedd tywyll hefyd.

Nid yw Casnewydd Bach ymhell o'r môr, a thybir i Barti hel ei bac pan nad oedd ond tua deg oed. Erbyn iddo gyrraedd ei ugeiniau hwyr roedd yn drydydd mêt ar y *Princess*, llong a gludai gaethweision i Ynysoedd y Caribî. Er mor esgymun oedd cargo'r *Princess*, fe gymerodd Gymro arall i droi Barti Ddu yn fôr-leidr. Wedi i Hywel Dafis, yntau o Aberdaugleddau ac o'r un sir â Barti, gipio llong y *Princess,* rhoddodd ddewis i'w gyd-Gymro. Naill ai fe'i gadawai ef a gweddill y criw ar y tir mawr neu fe gâi ymuno ag ef fel môr-leidr. Does dim angen dweud pa gynnig a ddewisodd Barti.

Yn fuan iawn, dyrchafwyd Barti yn fêt, a phan laddwyd Dafis mewn cyrch oddi ar arfordir Affrica, dringodd Barti i safle'r capten. Un o benderfyniadau cyntaf Barti fu gorfodi'r criw i dyngu llw, a hynny ar Feibl Cymraeg, y byddent yn ymddwyn yn weddus – llw rhyfedd ar y naw i fôr-ladron ei dyngu. Yn wir, cynhaliai Barti wasanaethau crefyddol ar ei long yn rheolaidd ac ni chaniatâi i neb weithio ar y Sul. Yn wahanol i'r rhelyw o fôr-ladron roedd Barti hefyd yn llwyrymwrthodwr. Te oedd ei ddewis ddiod.

Roedd Barti mor grefyddol fel y dywedir iddo unwaith gipio'r *Onslou*, ond wedi i gapten y llong wrthod ymuno ag ef, fe ddychwelodd yr ysbail i gyd ar wahân i dri llyfr gweddi.

Yn ogystal â bod yn Gristion, rhaid fod Barti hefyd yn dipyn o Sosialydd gan iddo bob amser rannu'r ysbail yn gyfartal rhwng holl aelodau'r criw. Serch hynny, credai mewn cosbedigaeth. Câi unrhyw un a dorrai reolau Barti ei hongian o fast y llong a'i fflangellu'n ddidrugaredd.

O dan yr enw Barti Ddu, ei long gyntaf oedd y *Royal Revenge*. Arni ymosodai ar longau eraill o arfordir Affrica hyd at ynysoedd India'r Gorllewin. Heriodd dros ddeugain o longau Portiwgal oddi ar arfordir Brasil. Â'r llongau wrth angor yn Bahaia, achubodd Barti y blaen ar y ddwy long ryfel a oedd i amddiffyn y llynges a'u gorfodi i ildio. O'r llong gyfoethocaf, y *Sagrada Familia*, ysbeiliodd werth £20 miliwn o aur a thrysor.

Un tro, a Barti oddi ar ynys Dominico, danfonodd y Ffrancwyr ddwy o'u llongau arfog o Martinique i'w ddal. Yn ffodus i Barti, roedd y criw'n hiraethu am dipyn o win a merched drwg, a thra oedd y rheiny'n diwallu'u hanghenion ger Corvocco aeth y llongau Ffrengig heibio heb eu gweld.

Yn 1720 llwyddodd Barti i gyrraedd mor bell â Newfoundland. Pan glywyd ei fod ar ei ffordd, ffodd criwiau dros ugain o longau yn hytrach na'i wynebu, gan adael y llongau ar drugaredd Barti a'i ddynion. Cadwodd Barti un llong at ei ddefnydd ei hun. Wrth iddo adael porthladd Trepassey ymosodwyd arno gan tua deg o longau Ffrengig. Suddodd hwy i gyd ond un, ac unwaith eto cadwodd honno at ei ddibenion ei hun, gan adael yr un a feddiannodd yn wreiddiol i'r Ffrancwyr.

Targedau nesaf Barti oedd pedair llong o Loegr. O'r un gyfoethocaf, cipiodd eiddo gwerth tua £9,000, yna aeth ymlaen i ymosod ar ragor o longau Lloegr. Hwyliodd ymlaen i'r Caribî, ac ar ôl cyfnod digon diffrwyth canfu ferched croesawgar ar ynys Sant Bartholomew. Rhaid bod rhywbeth yn enw'r lle!

Parhau i grwydro wnaeth Barti a'i griw, i Guinea a Surinam. Yna cafwyd prinder bwyd a dŵr ar y llongau, a bu farw nifer o'r criw. Ar ôl llwyddo i ailgyflenwi'r llongau teithiwyd yn ôl i'r Caribî lle, yn Martinique, cafwyd mwy o lwyddiant wrth i nifer o longau gael eu suddo. Yn y fan honno y lluniodd Barti ei faner bersonol, un ddu yn dwyn llun ohono ef yn sefyll ar ddau benglog yn cynrychioli Barbados a Martinique. Ar ôl crogi Llywodraethwr Martinique aeth yn ei flaen fel sipsi'r môr gan ymosod ar longau unrhyw wlad oedd yn ddigon beiddgar i'w herio.

Hwyliodd i Deseada ac ar draws y Môr Iwerydd i Senegal, i Sierra Leone ac i Whyda. Tybir fod Barti, erbyn hyn, wedi ysbeilio dros 400 o longau gan grynhoi gwerth £51 miliwn o elw personol mewn aur a thrysor.

Ond yn ei lwyddiant yr heuwyd hadau ei ddiwedd. Achosai Barti golledion mor fawr i longau, rhai Prydain yn arbennig, fel y daeth yn brif darged. Cafodd gyfle i ildio, ond gwrthododd bardwn gan y Brenin Siôr. Cynigiodd hwnnw ei adael yn ddi-gosb petai'n rhoi'r gorau i'w ymosodiadau, ond roedd ysbeilio yng ngwaed Barti. Danfonwyd llong ryfel i chwilio amdano, a'r tro hwn, oddi ar arfordir Guinea ger Cape Lopez, y llong ryfel a drechodd. Chwythwyd un o longau Barti'n deilchion wrth i'r powdwr ffrwydro, ac er i Barti a'i long y *Royal Ranger* lwyddo i ddianc, fe'i gwelwyd gan y *Swallow*, a wnaeth ei chamgymryd am long Ffrengig. Taniwyd ati a thrawyd Barti yn ei wddf. Bu farw'n pwyso ar un o'r gynnau – diwedd addas i fôr-leidr di-ildio. Dwy flynedd a hanner yn unig wedi iddo droi'n fôr-leidr, fe'i claddwyd yn y môr.

Nid anghofiwyd Barti Ddu. Diolch i gofiannwyr, ac yn arbennig i'r bardd I. D. Hooson, bydd cenedlaethau eto yn cofio hanes 'y morwr tal a'r chwerthiniad iach'. Os byddwch chi byth yng Nghasnewydd Bach, oedwch o flaen tafarn y pentref. Yno, ar ddarn o gomin yn yr awelon rhwng y môr a'r mynydd, cewch weld cofeb syml i John Roberts, alias

Bartholomew Roberts, alias Barti Ddu. Ac os gwrandewch yn astud, hwyrach y clywch sŵn ei chwerthiniad ar y gwynt.

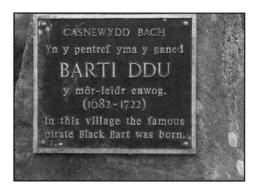

*Y gofeb i Barti Ddu
yng nghanol Casnewydd Bach*

Merched Beca

Erbyn diwedd tridegau'r bedwaredd ganrif ar bymtheg, prin fod terfysgoedd y Siartwyr wedi gorffen na chafwyd rhagor o derfysgoedd o fath gwahanol. Terfysg trefol oedd un y Siartwyr, ond daeth Merched Beca â therfysg i berfeddion cefn gwlad.

Dechreuwyd gwella ffyrdd yng Nghymru rhwng 1700 a 1800. Atgyweiriwyd hen ffyrdd a lluniwyd rhai newydd, ond oherwydd nad oedd gan y swyddogion plwyf lawer o glem ynghylch cynnal a chadw, sefydlwyd y Ddeddf Dyrpeg yn 1770. Codwyd tollbyrth, ond gwendid mawr y cynllun oedd fod gwahanol ymddiriedolaethau tyrpeg yn gyfrifol am wahanol dollbyrth. Doedd dim cysondeb yn lefelau'r tollau, a doedd y tollau a gesglid ddim yn ddigon i dalu am y gwaith o drwsio'r ffyrdd ychwaith. O ganlyniad, pasiwyd deddf arall yn 1833. Codwyd y tollau'n uwch – a'r tro hwn, cododd y werin hefyd i geisio unioni'r cam.

Yn Efailwen yr ymosodwyd ar y tollborth cyntaf, a hynny fel protest yn erbyn Ymddiriedolaeth Cwmni Tyrpeg Hendy-gwyn. Roedd y tollau'n faich ar ffermwyr bach, ac yn ardal Efailwen roedd y tollborth yn atalfa ar y ffordd a arweiniai at odynau calch yn yr Eglwys Lwyd. Yn wir, roedd tollborth Efailwen yn un o bedwar yn yr ardal ac nid cludo calch oedd yr unig broblem. Byddai ffermwyr y cylch yn gyrru eu creaduriaid i wahanol farchnadoedd ac yn gorfod talu am wneud hynny hefyd. Ar ben y cyfan roedd yn rhaid talu'r degwm i'r Eglwys, sef degfed ran o gynnyrch fferm, heb sôn am ofynion Treth y Tlodion oedd yn codi bob blwyddyn.

Mewn ysgubor ar fferm Glyn Saith Maen yn Llangolman y cyfarfu'r protestwyr gyntaf. Yr arweinydd oedd Thomas Rees, a drigai yn nhyddyn Carnabwth ym Mynachlog-ddu ar odre'r Preselau. Roedd Twm Carnabwth yn ddyn cydnerth, cyhyrog a arferai focsio mewn ffeiriau. Roedd hefyd yn adroddwr pwnc heb ei ail ac yn arweinydd naturiol. Trefnodd i'r protestwyr dduo'u hwynebau a gwisgo dillad menywod fel na chaent eu hadnabod. Gan ei fod mor fawr, cafodd Twm hi'n anodd dod o hyd i ddillad menyw i'w ffitio, ond llwyddodd i gael rhai addas gan wraig o'r enw Beca Fawr o blwyf Llangolman.

Dyna sut y cafodd Merched Beca eu henw, medd rhai, ond mae damcaniaeth wahanol hefyd. Dywedir i'r enw ddod o Lyfr Genesis, pennod 24, adnod 60: 'Ac a fendithiasant Rebeccah ac a ddywedasant wrthi, "Ein chwaer wyt, bydd di fil fyrddion, ac etifedded dy had borth ei gaseion".'

Ymhob ardal lle codai gwrthdystwyr, câi'r arweinydd ei alw yn Beca a'i ddilynwyr yn Ferched Beca. Byddai Beca fel arfer yn marchogaeth ar geffyl gwyn a'r criw yn cario arfau cyntefig fel bwyeill, barrau haearn, pladuriau, crymanau ac ambell ddryll. Ar noson yr ymosodiad cyntaf, ar 13 Mai 1839, ymhlith torf o dros 300, cariai Twm fwyell. Malwyd y glwyd yn Efailwen yn ddarnau.

Ailgodwyd y glwyd ond ailgyfarfu Merched Beca. Doedd y saith cwnstabl oedd ar ddyletswydd yno yn ddim un math o ataliad. Y tro hwn difethwyd nid yn unig y tollborth ond y tollty'n ogystal.

Ildiodd yr Ymddiriedolaeth a bu heddwch am gyfnod, ond roedd yr annhegwch yn parhau mewn mannau eraill. Yn ardal San Clêr, er enghraifft, byddai ffermwyr yn gorfod talu ddwywaith o fewn un filltir. Ailgychwynnodd y brwydro. Dinistriwyd y clwydi hyn ac eraill hefyd. Danfonwyd milwyr i geisio cadw'r heddwch, ond parhau i ledu wnaeth yr ymgyrch. Ar nos Wener 26 Mai 1843 ymosododd tua 300 o'r Merched ar glwyd Heol Dŵr yng

Nghaerfyrddin. Dilynwyd hyn gan ddinistr clwydi ledled Sir Gaerfyrddin. Yna, ym mis Mehefin, daeth torf o bedair mil ynghyd ger y Plough and Harrow yn y dref a gorymdeithio y tu ôl i seindorf gan gario baneri'n galw am gyfiawnder. Fe'u chwalwyd gan y 4ydd Dragoons ond dihangodd Beca ei hun. Credir mai Michael Bowen o Drelech oedd yr arweinydd y tro hwn.

Cymaint oedd y terfysg fel i'r *Times* ddanfon ei ohebydd ei hun, T. C. Foster, yno. Roedd adroddiadau Foster yn y *Times* yn llawer tecach na'r rheiny a ymddangosai yn y papur lleol, y *Carmarthen Journal*. Yr un adeg danfonwyd milwyr i gadw'r heddwch yng Nghaerfyrddin ynghyd â'r Cyrnol George Rice Trevor, Dirprwy Raglaw Sir Gaerfyrddin, i gymryd yr awenau oddi wrth ei dad, a oedd yn wael.

Ceisiodd yr awdurdodau ymresymu, ond gwaethygu wnaeth y sefyllfa wrth i'r ymgyrch ledu i ddwyrain Sir Gaerfyrddin. Ym Mhorth-y-rhyd, lladdwyd ceidwad y tollty, Sarah Williams. Yn y *Stag and Pheasant* ym Mhump Heol cynhaliwyd cyfarfod enfawr o dan arweiniad John Jones (Sioni Sgubor Fawr) a David Davies (Dai'r Cantwr). Daliwyd a chyhuddwyd y ddau, ac yn dilyn achos llys fe alltudiwyd y naill am weddill ei oes a'r llall am ugain mlynedd.

Clywodd yr awdurdodau fod cynllun ar waith i daro clwydi Pontarddulais a'r Hendy. Y tro hwn roedd plismyn yn aros amdanynt; dan arweiniad y Capten Napier, Arolygydd Heddlu Sir Forgannwg, daliwyd saith o'r protestwyr yn cynnwys John Hughes, 24 oed, neu Jac Ty-isha o Lan-non. Alltudiwyd ef am ugain mlynedd.

Credir mai symbylydd ymgyrch Merched Beca oedd y cyfreithiwr a'r Siartydd brwd, Hugh Williams o Gaerfyrddin. Bu'n amddiffyn nifer o'r Merched a ymddangosodd o flaen y llysoedd fel y gwnaethai adeg trafferthion y Siartwyr.

Damcaniaeth ddiddorol arall yw mai'r defnydd o'r Ceffyl Pren, sef ffordd o arddangos delw o elyn, oedd y tu ôl i Ferched Beca. Llwyfannwyd y ddefod ger clwyd Pwll Trap gyda ffermwr wedi'i wisgo fel hen wraig ddall yn ceisio mynediad drwy'r glwyd ac yna'n annog ei 'phlant' i falu'r llidiart. Malwyd a llosgwyd y glwyd o fewn deng munud. Credir hefyd mai dim ond un agwedd ar waith Beca a'i Merched oedd malu tollbyrth, a chafwyd enghreifftiau o ddefnyddio Beca fel modd i drafod gwahanol gwynion cymdeithasol.

Cyfarfod mawr ar fynydd Sylen uwchlaw Cwm Gwendraeth ar 25 Awst 1843, ac un arall ger Llyn Llech Owain y mis canlynol, a arweiniodd at gadoediad. Yn y cyfarfodydd hyn galwyd am ddanfon deiseb at y Frenhines. Y flwyddyn wedyn pasiwyd Deddf newydd a welodd ymddiriedolaethau siroedd de Cymru yn cael eu huno. Hanerwyd y doll ar galch, symleiddiwyd cyfundrefn y taliadau, a diddymwyd y dyledion yn erbyn rhai o'r ymddiriedolaethau hynaf. Roedd Beca a'i Merched wedi ennill buddugoliaeth.

© Western Mail

Cayo Evans

Ganwyd Cayo Evans rai canrifoedd yn rhy hwyr. Perthynai yn fwy i oes y marchogion a'u sifalri nag i'n hoes fodern ni. Hawdd fyddai ei ddychmygu'n marchogaeth wrth ystlys Llywelyn neu'n ceisio swyno Merched Llanbadarn yng nghwmni Dafydd ap Gwilym. Ac yn wahanol i Dafydd, mae'n debyg y byddai Cayo wedi llwyddo.

Disgrifiwyd Cayo gan un cofiannydd fel ffoadur o hen oes y rhyfelwyr Celtaidd. Hawdd deall hynny o wybod am ei obsesiwn am geffylau, a'i gariad at wylltineb mynyddig ei wlad a hanesion hynafol tywysogaethau ei genedl.

Gellir priodoli ei gariad at geffylau i ddylanwad ei dad-cu ar ochr ei dad. Roedd hwnnw'n bridio ceffylau yn Sir Gaerfyrddin ar gyfer gwŷr meirch byddinoedd y cyfandir a bu'n porthmona gwartheg i Loegr.

Academydd oedd tad Cayo – enillodd radd ddosbarth cyntaf driphlyg yn Rhydychen a threuliodd 22 mlynedd yn y Gwasanaeth Sifil yn rhanbarthau canolbarth India fel Cyfarwyddwr Addysg cyn dychwelyd i Gymru i fod yn athro Mathemateg yng Ngholeg Llanbedr Pont Steffan. Trigai nid nepell o'r dref honno yng Nglandenys, plasty tyredog Gothig yn Silian a fu unwaith yn faenor.

Pan anwyd Cayo – neu, i roi iddo'i enw llawn, William Edward Julian Cayo Evans – roedd y tad yn dynesu at ei drigain oed, ac oherwydd y bwlch mewn oedran rhwng y ddau tueddai'r mab i glosio at ei fam, menyw fonheddig a hardd a dreuliai lawer o'i hamser yn haul Sbaen oherwydd ei hiechyd bregus. Drwyddi hi y syrthiodd Cayo mewn cariad â phopeth Sbaenaidd. Ei arwr mawr oedd y Cadfridog Franco, ac roedd hynny'n awgrymu'n gryf ei safbwynt gwleidyddol.

Treuliodd Cayo gyfnodau mewn ysgolion bonedd, yn cynnwys Millfield yng Ngwlad yr Haf, ac yn y fan honno, yn bymtheg oed, y daeth o dan ddylanwad gŵr o Wlad Pwyl, ei feistr tŷ colegol. Roedd Yanick Helczman wedi ymladd yn erbyn y Rwsiaid a'r Almaenwyr, a hwnnw a drodd Cayo yn fileinig o wrth-Gomiwnyddol. Tyfodd y teimlad hwnnw wrth iddo dreulio cyfnod ym Malaya yn brwydro gyda'r South Wales Borderers yn erbyn gwrthryfelwyr Comiwnyddol. Sylweddolodd bryd hynny faint o drafferth y gallai nifer bychan o wrthryfelwyr ei achosi i filoedd o filwyr Prydeinig. Yno hefyd y cyfarfu â'i Weriniaethwr Gwyddelig cyntaf.

Yn dilyn cyfnod mewn coleg amaethyddol, dychwelodd Cayo i Landenys i fridio ceffylau Palomino ac Apaloosa gan lwyddo i ennill sawl gwobr mewn sioeau ceffylau ledled gwledydd Prydain a thu hwnt. Ac yna, fel y digwyddodd i gannoedd o Gymry ifanc eraill, trodd Tryweryn ef yn genedlaetholwr digyfaddawd. Adeg yr agoriad ar 21 Hydref 1965 gwelwyd aelodau o Fyddin Rhyddid Cymru – â Cayo yn eu harwain – yn eu lifrai gwyrdd am y tro cyntaf.

Ychydig ddyddiau cyn yr agoriad holwyd Cayo ar y rhaglen deledu *Heddiw* gan Owen Edwards. Yn yr ymarfer, bu'r holwr yn llym ei gwestiynau. Gwawdiodd y symbol poblogaidd a fabwysiadwyd gan Fyddin Rhyddid Cymru o Eryr Gwyn Eryri, gan ofyn i Cayo o ble y daeth y syniad gwirion hwn. Ateb Cayo oedd, 'Fyddwch chi ddim yn darllen llyfrau eich tad-cu, felly?' Ni chafodd y cwestiwn ei ailadrodd yn ystod yr holi go-iawn yn ddiweddarach.

Penododd Cayo ei hun yn Gomandant y Fyddin. Cafodd ef a'i ddilynwyr eu gwawdio gan rai, ond i eraill daeth Cayo a'i gymrawd agos, Dennis Coslet, yn destun chwedlau. Yr hyn a wnaeth Byddin Rhyddid Cymru oedd agor drws i lawer o Gymry di-Gymraeg cymoedd y De a deimlent fod drws Plaid Cymru wedi ei gau yn eu hwyneb. Broliai Cayo fod ganddo saith mil o ddilynwyr yn y mynyddoedd. Cryn dipyn o or-ddweud, efallai, ond y gwir amdani oedd bod ganddo lawer mwy o gydymdeimlad gwerin gwlad nag a feddyliodd neb. Daeth tafarndai fel y Llew Du ym Mhontrhydfendigaid a'r *Stag and Pheasant* ym Mhont-ar-Sais, yr Angel yn Aberystwyth a Glan yr Afon yn Nhalgarreg yn gadarnleoedd i ddilynwyr y Fyddin. Pan fyddai Cayo yno'n pregethu neu'n chwarae ei acordion byddai'r tafarndai'n orlawn, a Cayo fyddai canolbwynt pob cynulliad.

Tra oedd Cayo a'i ddilynwyr yn denu holl sylw'r heddlu – agored a chudd – roedd mudiad cudd MAC (Mudiad Amddiffyn Cymru) wrthi'n ffrwydro targedau ledled Cymru a thu hwnt. Yn ddiarwybod i Fyddin Rhyddid Cymru, roedd ei gweithredoedd yn dargyfeirio sylw'r heddlu oddi wrth y bomwyr go-iawn. Wrth i Fyddin Rhyddid Cymru wneud bygythiadau cyhoeddus, cafodd MAC dragwyddol heol i weithredu yn y dirgel, ac i Cayo a'i griw yr oedd y diolch am hynny.

Roedd gan Cayo y ddawn brin honno o fod yn arweinydd greddfol. Gyda'i gorff lluniaidd, tal, ei wallt claerddu, ei wisg urddasol henffasiwn a'i lygaid tanbaid, tywyll medrai swyno aderyn oddi ar gangen. Roedd ganddo ddawn y cyfarwydd wrth adrodd stori. Roedd yn sbìn-feddyg cyn i'r term gael ei fathu. O'i gymharu â Cayo, prentis yw Alastair Campbell.

Llwyddodd i dwyllo'r miloedd am gryfder a gallu Byddin Rhyddid Cymru, a hynny a'i gwnaeth yn aberth yn y diwedd. Llwyddodd i dwyllo'r wasg a'r cyfryngau i'r fath raddau fel iddo ef ac wyth o'i gymrodyr gael eu harestio a'u cyhuddo, nid o fod yn aelodau o fudiad anghyfreithlon, fel y cred llawer, ond dan wahanol adrannau o'r Ddeddf Gyhoeddus. Carcharwyd Cayo am ddeunaw mis, tynged a ddaeth i'w ran ar union ddiwrnod yr Arwisgo.

Costiodd ei garchariad yn ddrud iddo. Chwalwyd ei briodas a bu'n rhaid iddo ailadeiladu ei fusnes bridio ceffylau. Dychwelodd i Landenys at ei ferch, Dalis, a'i fab, Rhodri. Ni lwyddodd carchar i ddiffodd fflam gwrthryfel a daliodd i bregethu a tharanu yn gwbl ddigyfaddawd yn erbyn Imperialaeth Prydain.

Bu farw Cayo ar 29 Mawrth 1995 o effeithiau calon chwyddedig. Tyrrodd cannoedd o bell ac agos i'w angladd, a hyd yn oed o'i amdo llwyddodd i dwyllo'r awdurdodau. Heuwyd y si ar led y câi ergydion eu tanio dros ei arch yn y traddodiad Gweriniaethol Gwyddelig. Roedd dwsinau o heddlu cudd ymhlith y galarwyr o gwmpas y bedd, ac wrth i'r arch ddisgyn yn araf i'r ddaear, camodd dyn ifanc ymlaen yn cario bocs. Gosododd y bocs ar y borfa a'i agor. Ai hon fyddai'r funud fawr? Gwthiodd yr heddlu cudd eu hunain yn nes. Yna, o'r bocs, tynnodd y dyn ifanc acordion, ac yno, ar lan y bedd, chwaraeodd y 'Cuckoo Waltz', hoff alaw Cayo.

Roedd y gŵr a fu'n gymaint o ddraenen yn ystlys y sefydliad yn farw, ond roedd ei hiwmor yn dal yn fyw. Hawdd oedd dychmygu bwrlwm ei chwerthin yn ffrwydro o ddyfnder y bedd.

Jemima Nicholas

Dywed y llyfrau hanes mai Hastings yw safle'r goresgyniad olaf o unrhyw ran o wledydd Prydain gan filwyr tramor – yn 1066 – ond nid yw hynny'n wir. Hwyrach mai Brwydr Hastings oedd goresgyniad olaf y Normaniaid, a hwyrach mai yno y gwelwyd y goresgyniad llwyddiannus olaf, ond yr ymgais olaf i oresgyn unrhyw ran o wledydd Prydain oedd glaniad y Ffrancwyr ger Abergwaun ym mis Chwefror 1797. Er i'r digwyddiad gael ei ddisgrifio fel Brwydr Abergwaun, mae'n nodedig mai dim ond tri a gollodd eu bywydau, a hynny'n ddamweiniol mae'n debyg.

Creodd y glaniad hwnnw arwres o fri, Jemima Nicholas, un a lwyddodd yn ôl yr hanes, heb unrhyw arf ond fforch wair, i ddal dwsin o filwyr Ffrengig a'u rhoi dan glo. Ar lechen y tu allan i Eglwys y Santes Fair yn Abergwaun ceir coffâd i Jemima, a gâi ei hadnabod fel Jemima Fawr.

Yn 1797 roedd Napoleon Bonaparte yn prysur goncro canol Ewrop. Wedi iddo fethu â sicrhau rheolaeth o'r môr, trodd Napoleon at gynllwyn a olygai greu embaras i Brydain trwy oresgyn Iwerddon a glanio ym Mae Bantry ac yn Newcastle. Y bwriad oedd llosgi'r dociau ac yna droi i ymosod ar Fryste a brwydro'u ffordd i fyny.

Tarfwyd ar y cynllwyn gan dywydd anffafriol, ac ar 22 Chwefror methai trigolion ardal Abergwaun â chredu'r hyn a welent – tair ffrigad Ffrengig, y *Résistance*, y *Constance* a'r *Vengeance* – yng nghwmni'r llusglong *Vautour* yn eu hwynebu ar draws y bae. Aeth y si ar led drwy'r de-orllewin fod y Ffrancwyr yn bwriadu goresgyn y wlad a'u bod wedi sicrhau cefnogaeth Anghydffurfwyr lleol. Roedd rhai ym Mhrydain o hyd yn edmygu'r hyn a ddigwyddodd adeg y Chwyldro Ffrengig, er bod y creulondeb a'i dilynodd wedi peri i'r brwdfrydedd bylu ymhlith llawer a fu'n gefnogol.

Ar fyrddau'r llongau a oedd wedi hwylio o Camaret roedd 1,400 o filwyr, gan gynnwys 800 o garcharorion a ryddhawyd yn arbennig ar gyfer y fenter. Yn gofalu amdanynt roedd y Cyrnol William Tate, hanner Gwyddel a chyn-swyddog magnelau yn Rhyfel Annibyniaeth America. Roedd ganddo hen ddyled i'w thalu'n ôl gan iddo gael ei garcharu gan Brydain ar un adeg.

Criw digon brith oedd y milwyr o dan ei ofal, rhai ohonynt yn dal mewn cyffion o'u cyfnod mewn carchar. Caent eu hadnabod fel y Lleng Ddu. Dywedir i'r milwyr wisgo lifrai Prydeinig er mwyn twyllo'r trigolion eu bod am uno'r werin a'u harwain mewn ymgyrch yn erbyn y tirfeddianwyr cyfoethog. Er bod y llongau'n arddangos baner Lloegr, sylweddolodd trigolion yr ardal ar unwaith mai Ffrancwyr oedd ar eu byrddau a thaniwyd magnelau atynt. Llwyddodd Tate i hwylio tuag at drwyn Carreg-wastad lle bwriwyd angor. Yna, yng ngolau'r lloer, glaniodd y milwyr mewn cychod bach. Llwyddodd y criw, gyda dwy fenyw yn eu plith, i ddringo'r clogwyn. Gyda'u mysgedau hir a modern, gwaith hawdd fu cipio fferm Trehowel gerllaw a'i throi'n bencadlys i Tate.

Erbyn dau o'r gloch y bore roedd y dynion, arfau a phowdwr du wedi eu gosod ar greigiau Caerwnda. Gadawodd y llongau gyda'u morwyr yn credu bod buddugoliaeth yn anochel, ond daeth y milwyr o hyd i stôr o win o Bortiwgal a oedd wedi ei achub o long a aethai ar y creigiau, ac ar ôl dwyn bwyd a lladd creaduriaid fferm aethant ati i loddesta.

Yn y cyfamser galwyd ar tua 400 o wŷr Meirch yr Iwmyn o Gastellmartin o dan ofal Arglwydd Cawdor a'r Cyrnol Milford, ynghyd ag aelodau o Filisia Aberteifi, Gwirfoddolwyr Penfro, morwyr a swyddogion y tollau oedd ar long a oedd wedi ei hangori yn Hwlffordd. Carient arfau yn cynnwys wyth o ynnau bychan mewn wagen.

Lefftenant Knox oedd yng ngofal y gaer yn Abergwaun, enw da i un yng ngofal caer. Wrth i Knox a'i filwyr benderfynu gadael y gaer, daethant wyneb yn wyneb â milwyr Cawdor a Milford a bu'n ddadl frwd i benderfynu pwy ddylai gael blaenoriaeth.

Yn y cyfamser crwydrai'r Ffrancod y fro ar ddisberod, llawer ohonynt erbyn hyn yn feddw ar win Portiwgeaidd. Yn wir, yr unig un sobr yn eu plith oedd y Cyrnol Tate. Roedd y dynion mor feddw fel i un ohonynt, ar fferm Brestgarn, frolio iddo saethu'n farw un o filwyr Cawdor. Mewn gwirionedd roedd wedi saethu cloc tad-cu'r ffermwr yn y gegin!

Petai'r Ffrancod yn ddigon sobr ac yn fwy awyddus i ymladd, byddent wedi cael buddugoliaeth hawdd yn erbyn byddin nad oedd ond hanner eu rhifedi. Ond, wrth i Cawdor a'i ddynion gyrraedd traeth Wdig, ymgasglodd criw o fenywod lleol yn gwisgo clogynnau coch a hetiau uchel i gefnogi'r amddiffynwyr. Galwodd Cawdor arnynt i gerdded yn gylch o gwmpas craig ar y traeth er mwyn rhoi'r argraff nid yn unig mai milwyr oedden nhw ond hefyd fod yna lawer ohonynt. Ildiodd y Ffrancwyr yn nhafarn y Royal Oak yn Abergwaun ac yna ymddangosodd arwres annisgwyl.

Roedd Jemima Nicholas yn 47 oed ac yn Amasonaidd ei maint. Yn dal a chadarn ei chorff, roedd hi'n byw yn y Stryd Fawr lle'r oedd yn gweithio fel crydd. Roedd hi ymhlith y criw o fenywod a ymgasglodd ar draeth Wdig.

Deallwyd wedyn i hon, heb arf ar wahân i fforch wair, lwyddo i ddal deuddeg milwr Ffrengig mewn cae ger Llanwnda a'u hebrwng i Abergwaun at y milisia. Yna aeth allan a dal dau arall. Dywedir i Jemima a'i chyd-fenywod gynnig crogi pob copa walltog o'r Lleng Ddu ac i filwyr Cawdor orfod eu hatal yn gorfforol rhag gwneud hynny. Aethpwyd â'r carcharorion Ffrengig i Hwlffordd, wedi eu llwyr orchfygu gan win Portiwgeaidd a Jemima Fawr a'i fforch wair.

Daeth Jemima Fawr yn chwedl, nid yn unig yn ei hardal ei hun ond ledled Cymru. Caiff drama fawr Jemima ei hailberfformio hyd heddiw yn Abergwaun. Bu farw yn 82 mlwydd oed, ac ar y gofeb ger eglwys y Santes Fair yn Abergwaun ceir y geiriau hyn:

Er cof am
JEMIMA NICHOLAS
o'r dref hon
YR ARWRES GYMREIG
a orymdeithiodd yn ddewr i gyfarfod
â'r goresgynwyr Ffrengig
a laniodd ar y traethau hyn
yn Chwefror 1797

Tafarn y Royal Oak, Abergwaun.

Dr William Price

Cyn bod sôn am yr un hipi'n credu mewn cariad dilyffethair, yn addoli'r haul ac yn prancio'n noethlymun ymhlith y blodau, roedd dyn hynod o Lantrisant yn tarfu ar drigolion parchus ei fro trwy fyw bywyd a allai berthyn i Los Angeles dros ganrif yn ddiweddarach.

Roedd y Doctor William Price yn hipi o flaen ei amser. Dyma ddyn a geisiodd newid ein ffordd o fyw, ond dyma hefyd un a geisiodd newid ein ffordd o farw, neu o leiaf ein ffordd o waredu â chyrff marw.

Ganwyd William Price yn Rhydri ger Caerffili yn 1800. Hyfforddwyd ef fel meddyg yng Nghaerffili ac yna yn Llundain cyn iddo ddychwelyd i dde Cymru i wasanaethu'r cymunedau glofaol. Roedd ganddo syniadau pendant am batrwm byw. Roedd yn casáu'r arfer o smygu, i'r graddau y gwrthodai drin unrhyw un oedd yn sugno mwg sigarét, sigâr neu getyn. Byddai'n paratoi ei foddion ei hun ar gyfer gwahanol anhwylderau ac, er mwyn prysuro a hybu'r feddyginiaeth, arferai lafarganu ymadroddion derwyddol uwchben y claf. Oedd, roedd William Price yn Archdderwydd yn ogystal â bod yn ddoctor. Pwy a'i hurddodd yn Archdderwydd? Neb llai nag ef ei hun, ac i William Price cwacs diwerth oedd meddygon eraill ei gyfnod.

Yn ogystal ag ymddwyn yn anghyffredin, gwisgai'n wahanol hefyd. Neu'n hytrach, dadwisgai. Gwisgai het o groen llwynog ar ei

95

ben bob amser, ond o ddyddiau ei ieuenctid cynnar arferai grwydro'n noeth ar fynydd Llantrisant.

Serch hynny, roedd ochr ddifrifol i'r Doctor Price hefyd. Credai'n gryf yn achos y dyn cyffredin a choleddai syniadau'r Siartwyr. Yn dilyn trafferthion Merthyr Tudful yn 1831, lledodd yr adwaith yn erbyn cyfyngiadau Deddf Diwygio 1832 a'r modd y câi Deddf Newydd y Tlodion 1834 ei gweithredu trwy weddill de Cymru. Lledaenwyd yr alwad i godi yn erbyn yr awdurdodau gan Hugh Williams, cyfreithiwr o Gaerfyrddin, ac ym mis Ebrill 1839 bu terfysg yn Llanidloes fel ymateb i'r dirwasgiad yn y diwydiant gwlân. Bu'n rhaid danfon milwyr yno i dawelu'r ffrwgwd. Yna trefnwyd gwrthdystiad enfawr yng Nghasnewydd ar 3 a 4 Tachwedd. Yn anffodus i'r Siartwyr, sef yr enw a roddwyd ar y protestwyr, tarfodd storm ar y trefniadau, a bu hynny'n gymorth i'r awdurdodau. Saethwyd deg o ddynion yn farw o flaen Gwesty'r Westgate yng nghanol y dref.

O ganlyniad i'r terfysg alltudiwyd tri o arweinwyr y brotest, sef John Frost, Zephaniah Williams a William Jones. Mae'n rhaid bod William Price ymhlith yr arweinwyr yn rhywle gan iddo orfod ffoi i Baris am gyfnod, ond ni newidiodd hynny ei agwedd tuag at berchenogion y gweithfeydd glo.

Ac yntau yn ei wythdegau, cyfarfu â merch ifanc, Gwenllian Llewelyn. Ni wnaeth y ddau briodi gan y credai Price fod priodas yn caethiwo menywod, ac er gwaetha'i henaint ganwyd iddynt blentyn pan oedd Price yn 83 mlwydd oed. Bedyddiwyd eu mab yn Iesu Grist, a chredir iddo enwi'r plentyn felly er mwyn cythruddo Cristnogion parchus yr ardal. Fel petai hynny ddim yn ddigon, pan fu farw'r plentyn yn ei fabandod, penderfynodd Price ei gorfflosgi. Ar 18 Ionawr 1884, ar ôl cyhoeddi ei fwriad i'r byd a'r betws, gosododd gorff ei fab pum mis oed ar goelcerth o lo ar fryn uwchlaw Llantrisant. Daeth torf ynghyd i wylio'r seremoni tra safai Price gerllaw'r goelcerth yn llafarganu'n dderwyddol. Ond tarfwyd ar y seremoni, tynnwyd y corff o'r tân ac arestiwyd Price a'i gyhuddo o waredu corff yn anghyfreithlon.

Ym Mrawdlys Caerdydd, ymladdodd Price yr achos yn ei erbyn a phenderfynodd y Barnwr nad oedd y doctor wedi gweithredu'n anghyfreithlon wedi'r cyfan. Mae'n debyg na allai'r weithred fod yn anghyfreithlon o fewn cyfraith Lloegr a Chymru, a hynny gan nad oedd yn waharddedig. Gosododd hyn seiliau Deddf Corfflosgiad 1902.

Dadl Price dros gorfflosgi oedd bod claddu cyrff yn halogi'r ddaear. Roedd hyn yn rhan o'i gredo fel Archdderwydd, ac roedd ganddo gynsail i'w gred gan fod corfflosgi'n arferiad a âi'n ôl mor bell ag Oes y Cerrig. Yn wir, roedd Cymdeithas Gorfflosgi Lloegr wedi ei sefydlu yn 1874 a'r amlosgfeydd cyntaf yn Ewrop wedi eu hadeiladu yn 1878 yn Woking ac yn Gotha yn yr Almaen. Golyga hyn nad Price oedd y cyntaf i weithredu corfflosgiad ym Mhrydain, fel y dywed rhai haneswyr.

Bu William Price fyw nes yr oedd yn 93 mlwydd oed, a ganwyd ail fab iddo ef a Gwenllian cyn ei farwolaeth. Wrth gwrs, llosgwyd corff William Price, yn yr union fan lle llosgwyd corff ei fab flynyddoedd cyn hynny. Dywedir i gymaint ag ugain mil o bobl ddod i wylio'r olygfa ac adroddwyd yr hanes yn y *Times* y diwrnod canlynol.

Ceir pamffled yn cyhoeddi baled amdano ac yn disgrifio'i gorfflosgiad o dan y pennawd 'Golygfa Ryfedd':

'Wedi hir oes o 93 mlynedd, bu farw yr enwog Archdderwydd Doctor William Price, Llantrisant ar Nos Lun, Ionawr 23, 1893. Efe oedd un o'r cymeriadau mwyaf adnabyddus yng Nghymru, a bu yn hysbys iawn o'i febyd. Bu yn un o'r Chartists mwyaf selog, a gorfu iddo ffoi i Ffrainc oherwydd hynny rhag iddo gael ei ddal gan yr awdurdodau. Daeth i gryn enwogrwydd drwy losgi corff ei blentyn yn y flwyddyn 1884. Un o ddymuniadau pwysicaf y Doctor cyn iddo farw oedd am i'w gorff gael ei losgi yn yr un modd, yn hytrach na chael ei gladdu yn ôl yr arferiad cyffredin. Yn unol â hynny, paratowyd goelcerth fawr o lo a choed ar gae o'r enw Caerlan, ger

Llantrisant, ac yn gynnar fore dydd Mawrth, Ionawr 31ain, cariwyd allan y seremoni. Darllenwyd y gwasanaeth angladdol gan gurad y lle, a rhoddwyd y corff, mewn arch haearn, ar ben y goelcerth. Gosodwyd tân ynddo gan ei was Daniel Richards, a hen gyfaill o'r enw Anderson, o Gaerfyrddin. Mewn byr amser yr oedd y pentwr yn un fflam, a chadwyd y tân i fyny hyd tri o'r gloch y prynhawn. Erbyn hynny gwelwyd fod y corff wedi ei losgi yn ulw mân. Ymgasglodd torf fawr i weled yr olygfa, a bu nifer o heddgeidwaid yn bresennol i gadw heddwch a threfn.'

Timothy John Evans

Pan gerddodd dyn bach di-nod, ofnus a diniwed yr olwg i mewn i swyddfa'r heddlu yn Ynysowen ddechrau mis Tachwedd 1949, prin y gallai'r swyddog gredu'r hyn oedd ganddo i'w ddweud. Byrdwn ei neges oedd iddo ddod o hyd i'w wraig, Beryl, wedi marw ac iddo wedyn guddio'i chorff mewn gwter yn y tŷ golchi.

Aeth plismyn i'r cyfeiriad yn Llundain a roddwyd iddynt gan y dyn ac yno, yn union fel yr honnai, canfuwyd corff gwraig ifanc. Yno hefyd, yn y gwter, roedd corff baban 14 mis oed. Dair blynedd yn ddiweddarach, byddai arwyddocâd cyfeiriad y tŷ yn atseinio drwy'r byd. Y cyfeiriad oedd 10 Rillington Place.

Byth ers ei grogi yn 1950, mae tynged Timothy John Evans wedi aflonyddu ar gydwybod dynoliaeth. Crogwyd Evans am lofruddio'i blentyn. Amheuid ef hefyd o lofruddio'i wraig. Yn ddiweddarach profwyd nad ef a laddodd ei wraig, ond yn hytrach mai John Reginald Halliday Christie, deiliad y tŷ lle trigai Evans a'i deulu, oedd y llofrudd. Yn yr achos a ddygwyd yn ei erbyn, cyhuddodd Evans ei landlord o ladd Beryl wrth berfformio erthyliad arni, ond anwybyddwyd ei gyhuddiad. Yn wir, roedd Christie yn dyst yn yr achos. Dair blynedd yn ddiweddarach cyfaddefodd Christie iddo lofruddio chwech o fenywod, gan gynnwys Beryl Evans. Gwadodd iddo ladd y plentyn, ond hyd heddiw mae'r darlun yn hynod aneglur.

Pwy oedd y dyn bach di-nod hwn a ddihunodd gydwybod cynifer

o bobl ledled y byd? Cymro o ardal Merthyr Tudful oedd Timothy John Evans a symudodd i Lundain lle cafodd waith fel gyrrwr fan. Cafodd fflat ar rent ar lawr uchaf 10 Rillington Place. Roedd yn ffantasïwr. Honnai, ymhlith pethau eraill, ei fod yn fab i Iarll o'r Eidal. Y gwir amdani oedd mai meddwl plentyn oedd ganddo, gydag IQ o ddim ond 70. Yn 1949 roedd Evans yn 24 mlwydd oed, yn anllythrennog ac yn briod â Beryl. Pedair ar bymtheg mlwydd oed oedd hi, ac roedd ganddynt ferch fach, Geraldine.

Yn wyneb protestiadau eang, crogwyd Timothy John Evans yng Ngharchar Pentonville ar 9 Mawrth 1950. Apeliwyd yn ofer am ddiddymu'r gosb eithaf yn ei erbyn, ac ar ôl iddo dderbyn pardwn ymhell wedi ei ddienyddiad defnyddiwyd achos Evans fel y ddadl glasurol a diffiniol yn erbyn adfer crogi. Onid oedd dyn cwbl ddieuog wedi ei lofruddio gan y wladwriaeth?

Pan ymddangosodd John Christie o flaen ei well, sylweddolwyd fod honiad Evans mai'r landlord oedd y llofrudd yn hollol wir. Wrth i Christie gyfaddef iddo lofruddio chwech o fenywod, a hwyrach saith neu wyth o fewn cyfnod o 13 mlynedd – ni fedrai gofio'r manylion – datgelwyd ei fod yn gorffgarwr. Hynny yw, hoffai gael rhyw â'r meirw. Ni fedrai gael cyfathrach naturiol ag unrhyw fenyw fyw. Ei arferiad fyddai dod â menyw adre i 10 Rillington Place, ei meddwi, defnyddio carbon monocsid i'w gwneud hi'n anymwybodol, ei thagu ac yna cael cyfathrach rywiol â hi. Diddorol nodi i Christie wadu'n bendant iddo ladd y plentyn. A oedd yn dweud y gwir, neu a oedd am osgoi bod yn fwy esgymun fyth yn llygaid cymdeithas? Ni chawn fyth wybod y ffeithiau.

Daeth achos John Christie yn un o glasuron y gyfraith. Canfuwyd cyrff chwech o fenywod yn ei gartref ac yn y cyffiniau. Un ohonynt oedd ei wraig ei hunan, ac am lofruddio honno y'i cafwyd yn euog. Plediodd orffwylledd, ond yn ofer.

Yn ymddangosiadol roedd Christie yn ddyn tawel a pharchus, ond roedd ganddo record fel lleidr ac roedd yn gelwyddgi wrth natur. Yn ystod blynyddoedd olaf y rhyfel bu'n gweithio fel Cwnstabl

Arbennig yn yr Heddlu Rhyfel Neilltuedig. Llofruddiodd ddwy o'r menywod yn ystod y cyfnod hwnnw.

Fel rhan o'i gyfaddefiad cynhwysodd Christie Beryl Evans ymhlith y rhai a laddodd. Naturiol felly oedd credu mai Christie oedd wedi llofruddio'r ferch fach hefyd. Wedi'r cyfan, pwy allai gredu fod dau dagwr yn byw yn yr un tŷ? Diolch i'w gyfaddefiad, derbyniwyd bod Christie yn euog o lofruddio pedair menyw. Fe'i crogwyd ar 15 Gorffennaf 1953 yn Pentonville – ar yr union grocbren y crogwyd Timothy Evans arni dair blynedd a hanner yn gynharach.

Hyd yn oed petai'r gosb eithaf mewn bodolaeth heddiw, a hyd yn oed petai'n euog, mae'n sicr na châi Evans ei grogi. Yn un peth, nid oedd ganddo feddwl oedolyn. Yn ail, byddai ple o gyfrifoldeb lleihaëdig wedi ei dderbyn ar ei ran, ple nad oedd yn bodoli tan ddechrau'r chwedegau. Golygai hynny leihau'r cyhuddiad i un o ddynladdiad. Ond erys y cwestiwn, a oedd Evans yn ddieuog ai peidio?

Yn ei hunangofiant esbonia Keith Simpson, y crwner yn yr ymchwiliad a ddilynodd gyfaddefiad Christie, sef Ymchwiliad Henderson, mai am lofruddio'i blentyn y cyhuddwyd Evans. Er bod mwy o reswm ar y pryd i feddwl iddo lofruddio'i wraig, dim ond ar un cyfrif o lofruddiaeth y gellid ei gyhuddo ar y tro. Pan oedd yna ddau neu fwy o gyhuddiadau, dim ond y cyhuddiad cyntaf gâi ei ddefnyddio gan yr erlyniad. Yn yr achos hwn, credai'r erlyniad y byddai'n haws profi'r cyhuddiad o lofruddio'i blentyn na llofruddiaeth Beryl oherwydd na fedrai'r amddiffyn ddadlau pryfôc fel amddiffyniad a galw am leihad yn y cyhuddiad i ddynladdiad. Eto i gyd, caniatawyd clywed y dystiolaeth am y ddwy lofruddiaeth gan iddynt gael eu derbyn fel un weithred.

Bu ymgyrchoedd yn galw am bardwn i Timothy John Evans ar hyd y blynyddoedd, ac yn wir bu'r ymgyrch yn llwyddiannus. Caniatawyd iddo Bardwn Brenhinol yn 1966, ond erys un cwestiwn mawr. Tra derbyniwyd heb unrhyw ddadl mai Christie laddodd Beryl Evans, ai Evans fu'n gyfrifol am ladd y baban? Roedd o leiaf un arbenigwr yn amau bod canlyniad yr achos ymhell o fod yn glir – neb llai na Keith Simpson eto. Ef fu'n gyfrifol am godi cyrff y fam a'r ferch ar gyfer

101

Ymchwiliad Henderson. Roedd dyfarniad yr Ustus Brabin ar ddiwedd yr achos hwnnw'n un syfrdanol. Gwrthododd ddilysrwydd cyfaddefiad Christie iddo ladd Beryl Evans, ond credai mai Christie laddodd y plentyn. Os felly, golygai hynny mai Evans oedd llofrudd Beryl wedi'r cyfan. Yn fwy syfrdanol fyth, golygai fod Evans wedi ei gael yn euog yn hollol gyfiawn, ond iddo gael ei grogi am y llofruddiaeth anghywir.

Mae'n debyg na chawn fyth wybod y gwir, ond caiff Timothy John Evans ei gofio am byth fel dyn a grogwyd ar gam.

Dic Penderyn

Gofynnwch i unrhyw un pwy oedd Richard Lewis, a phrin y cewch ateb. Gofynnwch wedyn pwy oedd Dic Penderyn ac mae'n stori wahanol. Dau enw ar yr un dyn yw Richard Lewis a Dic Penderyn, a'r un dyn hwnnw yn arwr gwerin a gaiff ei ystyried yn ferthyr cyntaf y dosbarth gweithiol.

Yn y bedwaredd ganrif ar bymtheg, Merthyr Tudful oedd calon a chanol y Chwyldro Diwydiannol, prifddinas y byd o ran y diwydiant dur, lle'r oedd poblogaeth o 8,000 yn 1801 wedi tyfu i ymron 40,000 o fewn 30 mlynedd. Ehangodd y dref yn rhy gyflym gyda'r canlyniad fod yno brinder tai a dŵr a diffyg glanweithdra. Roedd clefydau fel colera yn rhemp yno a phlant yn marw wrth y dwsin bob dydd.

Perchennog gwaith dur Cyfarthfa oedd Richard Crawshay. Roedd Cyfarthfa'n un o bedwar gwaith tebyg yn yr ardal. Trigai Crawshay yng Nghastell Cyfarthfa, sydd heddiw'n amgueddfa. Tyrrodd dynion ifanc a arferai weithio'r tir i'r gweithfeydd dur lle'r oedd y cyflog deirgwaith yn uwch, ond erbyn 1829 roedd y gwaith yn dechrau teimlo effaith dirwasgiad a barhaodd am dair blynedd. Gwnaed miloedd yn ddi-waith a dechreuwyd atafaelu eiddo'r rheiny oedd mewn dyled. Ceisiwyd yn ofer i basio'r Ddeddf Diwygio, ac o ganlyniad unodd y dosbarth gweithiol. Cynhaliwyd rali enfawr uwchlaw'r dref ar 2 Mehefin 1831, rali a drodd yn wrthryfel o dan gysgod baner goch a wnaed o gynfas wen wedi ei throchi mewn gwaed llo.

Danfonwyd mintai o'r Argyll and Sutherland Highlanders a'r Royal Glamorgan Light Infantry i geisio tawelu'r gwrthryfel. Parhaodd y cynnwrf am wythnos, gyda'r gweithwyr yn trechu'r milwyr ddwywaith. Y tu allan i Dafarn y Castell y digwyddodd yr helbul gwaethaf, lle wynebai torf o ddwy fil y rhengoedd milwyr, ac yn y brwydro a ddilynodd lladdwyd dros ddwsin o'r gweithwyr.

O'r diwedd llwyddodd y milwyr i gael y gorau ar y gweithwyr ac arestiwyd cynifer â 28 o'r gwrthryfelwyr. Yn eu plith roedd Lewis Lewis, neu Lewsyn yr Heliwr, a Richard Lewis, neu Dic Penderyn, dau o'r prif arweinwyr. Un o'r rhesymau dros y cythrwfl fu atafaelu eiddo Lewsyn yr Heliwr yn erbyn dyled o ymron i £19. Cyhuddwyd Dic o drywanu milwr o'r enw Donald Black, aelod o'r Highlanders, ac er na lwyddodd Black i adnabod y naill na'r llall ohonynt, dedfrydwyd Lewsyn a Dic i'w crogi.

Ganwyd Dic Penderyn yn 1808 yn fab i Lewis a Mary Lewis. Roedd y fam, mae'n debyg, yn grydd. Credir fod ganddo frawd a losgai galch yng Nghefn Cribwr ac a gâi ei alw'n John y Calchwr. Derbyniodd Dic ychydig addysg yn y capel lleol ac yna, yn 1819, symudodd ef a'i deulu i Ferthyr Tudful lle cychwynnodd ef a'i dad weithio fel glowyr. Dechreuodd Dic frwydro dros hawliau'r gweithwyr yn ifanc iawn. Collodd ei swydd o'r herwydd, ond erbyn 1831 roedd Dic yn ôl yng nghanol y frwydr a arweiniodd at ei dranc.

Diddymwyd y ddedfryd yn erbyn Lewsyn yr Heliwr a'i newid i un o alltudiaeth am oes. Un ffactor o'i blaid oedd iddo unwaith achub bywyd cwnstabl arbennig yr ymosodwyd arno. Roedd y dystiolaeth yn erbyn Dic yn fratiog a dweud y lleiaf. Cyfaddefodd un tyst na fedrai adrodd yr hyn a ddywedwyd gan Dic a rhai o'r lleill y tu allan i Westy'r Castell ar y diwrnod tyngedfennol am na allai ddeall Cymraeg.

Cychwynnwyd ymgyrch i achub bywyd Dic. Casglwyd 11,000 o enwau ar ddeiseb ym Merthyr Tudful ac arweiniwyd yr ymgyrch gan Joseph Tregelles Price – meistr dur ond gŵr a oedd hefyd yn Grynwr.

Bu ei ddadleuon mor effeithiol fel iddo hyd yn oed berswadio'r Barnwr fod Dic yn ddieuog. Serch hynny, gwrthododd y Gweinidog Cartref, yr Arglwydd Melbourne, â newid y ddedfryd.

Cred haneswyr mai'r gwir reswm dros i Dic gael ei grogi oedd er mwyn gwneud esiampl o benboethyn undebol, gan fod cyfrinfeydd undebau llafur wedi eu sefydlu yn ne Cymru erbyn hynny a'r gweithwyr wedi dechrau dangos eu dannedd. Dim ond 23 mlwydd oed oedd Dic pan wynebodd y grocbren. Roedd yn ŵr priod, yn dad ac roedd ei wraig yn feichiog. Yn wir, dywed un hanesyn fod ei wraig, erbyn dyddiad y dienyddio, wedi geni'r plentyn. Dywedir iddi gerdded ar noswyl y crogi yr holl ffordd i Gaerdydd yn cario'r baban, ac i'r baban hwnnw farw cyn iddi gyrraedd.

Codwyd crocbren yn Stryd y Santes Fair yng Nghaerdydd a chrogwyd Dic Penderyn ar 13 Awst. Wrth wynebu'r rhaff, dywedir iddo weiddi, 'Arglwydd, dyma gamwedd'. Dywedir hefyd i filoedd o gefnogwyr a galarwyr gerdded gyda'r arch yn ôl i Aberafan. Yno, yn ôl yr hanes, disgynnodd colomen wen ar ei arch.

Nid dyna ddiwedd y stori. Yn 1874, adroddwyd gan y *Western Mail* fod gŵr o'r enw Ieuan Parker wedi cyffesu ar ei wely angau yn America mai ef oedd wedi trywanu Donald Black.

Yn Amgueddfa Heddlu De Cymru arddangosir crair sy'n atgof o fywyd a marwolaeth Dic Penderyn. Mewn cas gwydr yno, ceir pastwn byr ac yn hwnnw y cariwyd y warant ar gyfer arestio Dic Penderyn. Mae'r geiriau 'Merthyr Tydfil' a'r dyddiad 1831 wedi eu hysgythru ar y metel sy'n amgylchynu'r pastwn.

Does dim dadl i Dic Penderyn gael ei grogi ar gam. Gwadodd dro ar ôl tro y bu ganddo unrhyw ran yn yr ymosodiad ar y milwr, a chadarnhawyd hyn gan y milwr ei hunan. Y cyfan a ddywedodd hwnnw yn y llys oedd iddo weld Dic yn sefyll gerllaw. Hyd yn oed yn ddiweddar bu ymgyrch i glirio'i enw, ond erys y ffaith i'r awdurdodau, ac nid am y tro cyntaf, greu merthyr trwy grogi rhywun ar gam.

Mae digwyddiadau 2 Mehefin a 13 Awst 1831 yn dal i atseinio hyd heddiw. Mudferwodd canlyniadau'r gwrthryfel a dienyddiad Dic Penderyn am flynyddoedd ymysg rhengoedd y dosbarth gweithiol, a hynny er mawr ofid i'r awdurdodau.

Crëwyd delwedd o Dic Penderyn fel dyn cyffredin a'i cafodd ei hun mewn sefyllfa anghyffredin ac a ddienyddiwyd ar gam. Daeth yn destun cerdd a chân. Bu'n destun drama. Mae wedi hawlio ei le ar lwyfan y byd ochr yn ochr ag arwyr eraill y dosbarth gweithiol fel Joe Hill a James Connolly.

Harri Morgan

Hawdd credu mai dymuniad unrhyw forwr wedi iddo farw fyddai cael ei gladdu yn nyfnder y môr. Gellid meddwl mai dyna oedd dymuniad y môr-leidr enwocaf un, Capten Harri Morgan, ond bu'n rhaid i'w gorff marw ddisgwyl dros dair blynedd cyn i'r freuddwyd honno gael ei gwireddu.

Roedd Harri Morgan yn fôr-leidr o fri, gyda nifer o'i hynafiaid yn enwog hefyd – cafodd un ohonynt ei ethol yn Is-lywodraethwr Ynys Providence a daeth un arall yn Lefftenant-Lywodraethwr Jamaica.

Ganwyd Harri Morgan yn Llanrhymni, Sir Fynwy, tua 1635. Pan oedd tua ugain oed hwyliodd i'r Caribî gydag un o fyddinoedd Cromwell o dan arweiniad yr Is-lyngesydd Penn, tad William Penn, sylfaenydd talaith Pennsylvania. Bu'n rhan o frwydrau ffyrnig yn erbyn y Sbaenwyr, a gwnaeth y fath argraff ar y swyddogion fel y cafodd ei long ei hun.

Yn 1659 cipiodd long o Ffrainc a'i meddiannu gan ymosod yn llwyddiannus ar Santiago del Hispaniola. Arbedodd fywyd y Llywodraethwr, nid oherwydd unrhyw sentiment ond yn hytrach am lwgrwobr o 60,000 darn arian. Ymhen tair blynedd, ymosododd yn llwyddiannus ar Santiago del Cuba ac yna ymlaen ag ef i Campeache lle dinistriodd lynges o 14 o longau'r gelyn. Y tro hwn llwyddodd i gipio 150,000 o ddarnau arian.

Yn 1665 trodd ei sylw at Gulfor Mecsico a chael cymorth y brodorion Indiaidd yno i ymosod ar Villa de Mosa. Siwrnai seithug fu honno gan nad oedd yno unrhyw beth gwerth ei gipio. Yna, ar ôl chwalu dros 300 o filwyr Sbaenaidd a fu'n ddigon ffôl i ymosod ar yr ychydig dros gant o ddynion oedd gan Morgan, ymosododd ar drefi Sbaenaidd ar hyd arfordir De America yn cynnwys dinas Granada, eto gyda chymorth yr Indiaid lleol.

Dychwelodd Morgan i Jamaica i gael ei ddyrchafu'n Is-lyngesydd, ac yntau ond yn 30 oed. Erbyn 1668, ef oedd pennaeth herwlongwyr y Caribî. Pan gododd ofnau y byddai'r Sbaenwyr yn ymosod ar Jamaica, dyrchafwyd ef yn Llyngesydd a chanddo lynges o ddwsin o longau a 700 o longwyr.

Penderfynodd ymosod ar Puerto Principe, ail ddinas Ciwba, ac oddi yno hwyliodd Morgan yn ei flaen am Hispaniola gan dderbyn croeso mawr yn Port Royal. Treuliodd y blynyddoedd nesaf yn ymosod ar eiddo Sbaenaidd ar hyd arfordir Fflorida a Thecsas cyn troi am Portobello. Yno, lle'r oedd amddiffynfeydd cryfaf y Sbaenwyr, y trefnodd Harri ei ymosodiad mwyaf eofn. Cipiodd gaer ar ôl caer. Cymerodd dros bythefnos iddo ef a'i ddynion ysbeilio'r porthladd a chredir iddo drechu dros dair mil o Sbaenwyr.

Dychwelodd Morgan i Port Royal gyda thomennydd o drysor ac arian. Cafodd gadw pump y cant o'r ysbail honno ond, wrth gwrs, y Brenin a gâi'r ganran uchaf.

Yn 1666 cafodd Morgan ddihangfa ffodus wrth i bowdwr ffrwydro'n ddamweiniol tra oedd yn trefnu ymosodiad ar y Ffrancwyr yn Cartagena. Newidiodd Morgan ei feddwl ac ymosod yn hytrach ar arfordir Feneswela, gan anelu am Maracaibo. Ymlaen ag ef wedyn i Gibraltar gerllaw. Yn y fan honno, ymddangosai fel pe bai llwyddiant y Capten Harri Morgan wedi dod i ben. Caewyd llongau Morgan i mewn gan warchae a grëwyd gan fflyd Sbaenaidd yn y culfor. Collodd drigain o'i ddynion, ond profodd ei allu a'i gyfrwystra trwy dwyllo'r Sbaenwyr ei fod am ymosod ar eu caerau o'r tir mawr. Yn hytrach, yn nhywyllwch nos, hwyliodd ef a'i lynges allan i'r môr mawr dan drwynau'r gelyn a dychwelodd i Port Royal gyda 250,000 o ddarnau aur.

Doedd dim diwedd ar hyfdra na dewrder Morgan. Ceisiodd ef a mil o'i

108

ddynion gipio Old Providence ac ildiodd y Llywodraethwr ar ei union, heb i'r un gwn gael ei danio. Ond ystyrir mai ei gamp fwyaf fu croesi Penrhyn Panama i ymosod ar y ddinas o'r un enw gyda mil o filwyr a morwyr ar droed. Roedd 2,400 o filwyr Sbaenaidd yn disgwyl amdanynt yn Ninas Panama. Ymosododd Morgan ar 21 Ionawr 1671. Cipiwyd y ddinas heb i'r Cymro golli ond pump o'i ddynion tra oedd y gelyn wedi colli 400 o'u dynion hwy. Unwaith eto, wedi iddo gyrraedd yn ôl i Port Royal, derbyniodd Morgan ganran o'r ysbail, sef tua 7,500 darn o aur.

Yn anffodus i Morgan, yn ystod yr ymosodiad ar Banama, daeth Prydain a Sbaen i gytundeb a chafwyd cadoediad. Danfonwyd y Cymro beiddgar i Lundain i wynebu llys barn. Erbyn hyn roedd hanes ei orchestion wedi ei droi yn destun chwedl. Derbyniodd groeso tywysogaidd wrth iddo ddisgwyl am ymron ddwy flynedd i'w achos gael ei ddwyn gerbron y llys. Pan ymddangosodd o flaen Siarl II ym mis Tachwedd 1673 llwyddodd i ddadlau ei achos yn llwyddiannus. Yn wir, bu'r Capten Harri Morgan yn gyfrifol am lenwi pocedi'r Brenin, ac yn hytrach na'i gosbi fe'i hurddwyd yn Farchog a'i wneud yn Is-lywydd Jamaica. Gadawodd Lundain am y Caribî ar ddechrau 1675.

Yn Jamaica enwodd un o'i blanhigfeydd yn Llanrhymni, er cof am fan ei eni, ond bu ffrae rhyngddo â rhai o wŷr mawr yr ynys, yn cynnwys y Llywodraethwr, a dygwyd ef unwaith eto o flaen llys ar gyhuddiad o gynllwynio gyda'r Ffrancwyr. Unwaith eto, penderfynwyd nad oedd ganddo gyhuddiad i'w ateb a rhyddhawyd ef.

Yn 1680 fe'i dyrchafwyd yn Llywodraethwr Jamaica ac yna cafwyd datblygiad annisgwyl. Penderfynodd yr archysbeiliwr wahardd môrladrata a chynigiodd bardwn i'r holl fôr-ladron dim ond iddynt dyngu llw i roi'r gorau i ysbeilio. Doedd ganddo ddim trugaredd at y rhai a wrthododd y cynnig. Dedfrydwyd y rheiny i'w crogi.

Erbyn diwedd ei oes credir fod Morgan wedi casglu cynifer â miliwn o ddarnau aur, a hynny'n bennaf rhwng 1669 a 1671. Er hynny, roedd wedi gwario cymaint fel iddo fynd i ddyled. Erbyn hyn, roedd yn yfed yn drwm iawn hefyd. Enwyd diod rŷm enwog ar ei ôl, gyda'i lun yn ymddangos ar y label.

Bu farw Harri Morgan yn 1688 o'r dropsi – neu *oedema* – a gormod o alcohol. Yn ei angladd taniwyd pob gwn yn yr harbwr yn deyrnged iddo wrth i fôr-leidr enwoca'r byd gael ei gladdu ar dir sych.

Ond, 'rhagluniaeth fawr y nef, mor rhyfedd yw'. Ar 7 Mehefin 1692 bu daeargryn cryf a llusgwyd mynwent Port Royal i'r môr gan don anferth – enghraifft gynnar o *tsunami*, mae'n debyg. Llusgwyd gweddillion Harri Morgan i'r eigion – tynged addas a chymwys i un a fu'n teyrnasu'r tonnau am flynyddoedd.

© Western Mail

John Jenkins

Wrth i gyfres o ffrwydradau siglo a sigo gwahanol dargedau yng Nghymru a'r gororau yn ystod ail hanner chwedegau'r ganrif ddiwethaf, derbyniwyd y cyfrifoldeb yn ddigon parod gan Fyddin Rhyddid Cymru. Er mai mudiad a alwai ei hun yn MAC – Mudiad Amddiffyn Cymru – oedd yn hawlio'r difrod, roedd yr FWA yn parhau i fynnu mai aelodau'r mudiad hwnnw oedd y tu ôl i'r cyfan ac, wrth gwrs, roedd MAC yn ddigon hapus i guddio y tu ôl i fudiad arall.

Gwyddai'r heddlu o'r gorau mai rhywun – neu rywrai – amgenach na Byddin Rhyddid Cymru oedd wrthi. Roedd y dechnoleg y tu ôl i'r ffrwydradau yn rhy soffistigedig i briodoli'r gwaith i'r FWA. Eto i gyd, doedd neb yn rhyw siŵr iawn a oedd MAC yn bodoli, heb sôn am weithredu.

Daeth yr ateb ar 2 Tachwedd 1969 pan arestiwyd swyddog ifanc gyda'r fyddin, a hwnnw'n enw dieithr iawn i'r awdurdodau, i'r wasg ac i'r cyfryngau. Swyddog yng Nghorfflu Deintyddol Brenhinol y Fyddin oedd John Barnard Jenkins, gŵr 36 mlwydd oed a ddisgrifiwyd gan ei uwch swyddogion fel milwr teilwng. Roedd yn briod ac yn dad i ddau o fechgyn.

Ond pwy, mewn gwirionedd, oedd y gŵr tawel hwn fu'n gyfrifol am greu hafoc ymhlith yr awdurdodau dros y tair blynedd flaenorol? Ychydig a wyddai neb amdano, ac ychydig iawn a ŵyr neb amdano o hyd. Erbyn hyn diflannodd yn llwyr o'r maes gwleidyddol gan adael ar ei ôl lawn cymaint o gwestiynau ag a gafwyd o atebion iddynt.

Ganwyd John Jenkins yng Nghaerdydd yn 1933 i rieni di-Gymraeg. Fe'i magwyd ym mhentref Penbryn yng Nghwm Rhymni a'i addysgu yn Ysgol Ramadeg Bargoed. Ymunodd â'r fyddin yn 1952 gan wasanaethu gyda Chorfflu Deintyddol Brenhinol y Fyddin yn Awstria a'r Almaen. Yna, er iddo dderbyn dyrchafiad i radd Rhingyll, dychwelodd i Gwm Rhymni i weithio yn y gwaith dur ac mewn glofa cyn dioddef damwain beic modur ddifrifol. Wedi iddo wella, arhosodd ymlaen i weithio yn yr ysbyty lle cyfarfu â'i ddarpar wraig, ac er mwyn gallu fforddio priodi ailymunodd â'r Corfflu Deintyddol gan dreulio cyfnod yng Nghyprus. Yna gwasanaethodd ar gylchdaith yn yr Almaen cyn dychwelyd i Gymru lle trigai ef a'i wraig yn un o dai'r fyddin yn Wrecsam gan wasanaethu yng ngwersyll Sychdyn ger Caer.

Dyna esgyrn sychion cefndir John Jenkins, un a fu'n ddraenen yn ystlys yr awdurdodau am dair blynedd. Ond beth a symbylodd y gŵr ifanc, deallus a thawel hwn i droi at ddulliau uniongyrchol er mwyn ceisio rhyddhau ei wlad? Beth wnaeth ei sbarduno i beryglu bywydau, gan gynnwys ei fywyd ei hun, trwy gychwyn ar ymgyrch fomio a ymledodd o'r gogledd i'r de a thros y ffin? Mae'n debyg mai'r catalydd mawr, fel yn hanes llawer o genedlaetholwyr o'r un cyfnod, oedd Tryweryn. Er gwaethaf ambell lwyddiant etholiadol, teimlai fod Plaid Cymru yn ddi-rym.

Yn wahanol i'r gred gyffredinol, nid atal yr Arwisgo rhag digwydd oedd bwriad MAC a John Jenkins. Parhaodd y bomio wedi'r Arwisgo. Na, y bwriad oedd codi ymwybyddiaeth y Cymry o'u cenedligrwydd, a gwyddai John Jenkins fod trais yn talu. Pan oedd yng Nghyprus gwelodd yr Archesgob Makarios, a frwydrodd dros annibyniaeth ei wlad yn erbyn byddin Prydain, yn dychwelyd o gaethiwed fel arwr.

Yn dilyn ei arestio, cadwyd John Jenkins yng ngharchardai Amwythig a Risley tan ddechrau ei achos ym mis Ebrill 1970.

Cafwyd ef yn euog o nifer o gyhuddiadau o achosi ffrwydriadau a charcharwyd ef gan yr Ustus Thompson am ddeng mlynedd. Yn eironig ddigon, hwn oedd yr un Ustus Thompson a garcharodd aelodau o'r FWA ar ddiwrnod yr Arwisgo.

Honnai John Jenkins iddo gael ei ragordeinio i weithredu'n uniongyrchol dros Gymru. Cyfaddefodd nad oedd yn hoff o ffrwydro unrhyw beth. Ni hoffai, meddai, chwarae hap â marwolaeth, ond ni fedrai ychwaith adael i ddiwylliant, gwleidyddiaeth ac economi Cymru gael eu boddi, yn arbennig felly ei diwylliant.

Er nad oes neb lawer yn gliriach eu meddwl am gyfansoddiad MAC, llwyddodd y mudiad rhithiol hwnnw i gipio'r penawdau, ac yn hynny o beth bu ymdrechion John Jenkins, ynghyd â milwr arall a arestiwyd gydag ef, Frederick Alders, yn llwyddiannus.

Fel carcharor Categori 'A' tan ganol y saithdegau, gan dreulio rhan helaeth o'i benyd yng ngharchardai Wormwood Scrubs ac Albany ar Ynys Wyth, câi llythyron a gyrhaeddai iddo yno eu cadw'n ôl am gymaint â thri mis. Cyfyngwyd yn ddifrifol hefyd ar y nifer o ymwelwyr y câi eu gweld. Erbyn hyn roedd priodas Jenkins wedi chwalu a chymerodd at y cyfrifoldeb o drefnu addysg ei ddau fab, Vaughan a Rhodri. Gwrthodwyd caniatáu ymweliad gan Eileen Beasley, athrawes y gofynnodd Jenkins iddi drefnu rhan o addysg y plant yn Ysgol Gyfun Rhydfelen. Wrth gwrs, mae teulu'r Beasleys eu hunain yn rhan annatod o hanes y frwydr dros ryddid Cymru.

Pan oedd yn y carchar ysgrifennodd John Jenkins ddwsinau o lythyron, casgliad a gyhoeddwyd yn 1971. Arwyddai bob llythyr gyda'r geiriau 'Er mwyn Cymru'. Amlygodd hefyd ei ddawn fel artist a dylunydd. Pan ryddhawyd ef, cafodd swydd fel trefnydd cymdeithasol gyda mudiad gwrthdlodi ym Merthyr Tudful. Pan holwyd ef gan Sulwyn Thomas ar gyfer y rhaglen deledu *Heddiw,* gwaharddwyd y rhaglen rhag cael ei dangos gan y BBC. A phan gychwynnodd yr ymgyrch llosgi tai haf, tynnwyd John Jenkins i mewn i'w holi. Yn wir, ef oedd y gŵr a gâi ei amau fwyaf.

Ar sail gradd a enillodd yn y Gwyddorau Cymdeithasol tra oedd yn y carchar, a'i brofiad yn y maes cymdeithasol wedi iddo gael ei ryddhau, gwnaeth Jenkins gais am gael dilyn cwrs perthnasol yng Ngholeg Prifysgol Cymru, Abertawe. Fe'i gwrthodwyd gan bwyllgor *ad-hoc* a alwyd ynghyd gan y Prifathro, Robert Steele. Daeth yn amlwg iddo gael ei wrthod am ei ddaliadau gwleidyddol, a golygai hynny i'r Brifysgol dorri ei Siarter ei hun.

Yn raddol, diflannodd John Jenkins yn ôl i'r cysgodion yr ymddangosodd ohonynt mor ddramatig pan arestiwyd ef yn 1969. Er gwaethaf yr holl rwystrau a osodwyd ar ei lwybr, caiff ei gofio fel un a wnaeth, yn gam neu'n gymwys, garu ei genedl gymaint fel iddo aberthu ei ryddid drosti. Un anfantais i John Jenkins yn y chwedegau oedd iddo fod yn wladgarwr pan nad oedd hi'n fanteisiol i fod yn wladgarwr. Anfantais fawr arall oedd iddo fod yn wladgarwr oedd hefyd yn ddeallus. Hyd heddiw, nid yw'r awdurdodau yn rhyw hoff iawn o bobl felly.

© Kathy de Witt

Howard Marks

Ac yntau'n fyfyriwr yng Ngholeg Balliol yn Rhydychen yn y chwedegau, hoffai Howard Marks feithrin delwedd o fod yn perthyn i deulu glofaol a oedd yn arfer cadw glo yn y bath tra oedd ef, druan, wedi gorfod cerdded i'r ysgol yn droednoeth ac wedi ei orchuddio â llwch glo.

Mewn gwirionedd, mab i rieni dosbarth canol o Fynydd Cynffig oedd Marks, ond roedd yn ddyn anghyffredin iawn. Credai llywodraeth yr Unol Daleithiau fod y gŵr ifanc a'r bersonoliaeth fagnetaidd wedi gweithredu am gyfnod o 20 mlynedd fel un o'r gwerthwyr mariwana mwyaf yn y byd. Amcangyfrifir i Marks ennill cannoedd o filiynau o ddoleri, ond pan arestiwyd ef a'i garcharu yn 1990, methwyd â dod o hyd i unrhyw arian yn ei feddiant ar wahân i'r hyn oedd yn ei boced.

Am ugain mlynedd bu'r Cymro Cymraeg deallus hwn yn chwarae mig ag asiantaethau cyffuriau gorau'r byd. Byddai'n teithio mor aml fel iddo gael ei fedyddio yn Marco Polo. Yn y diwedd cymerodd filoedd o oriau o sain a lluniau ar dâp i'w ddal a'i gosbi. Siaradai Marks mewn cod ar y ffôn, ac anodd iawn i aelodau'r Asiantaeth Gorfodaeth Cyffuriau (DEA) oedd datrys y cod hwnnw. Yn ystod un dydd yn unig doedd hi'n ddim iddo wneud neu dderbyn galwadau i – ac o – Manila, Bangkok, Hong Kong a'r Unol Daleithiau.

Yn Rhydychen y cychwynnodd ei gariad tuag at fariwana, neu'r mwg melys. Roedd y cyffur wedi newid delwedd o fod yn narcotig peryglus yn y pumdegau i fod yn ffasiynol ymhlith pobl ifanc y colegau, y deallusion. Yno y creodd Marks y chwedloniaeth o'r bachgen diniwed o'r wlad a oedd wedi llwyddo i gael ei dderbyn yn Rhydychen. Disgrifiai ei hun yn hunanddilornus fel y gwerinwr o'r cymoedd, ac fe weithiodd y twyll. Heidiai merched ifanc o'i gwmpas. Gair mawr y cyfnod oedd rhyw, ac ni fedrai Marks gael digon ohono.

Taflodd ei hun dros ei ben a'i glustiau i'r isddiwylliant cyffuriau. Cafwyd tystiolaeth gan un o'i ffrindiau o'r math o fywyd yr oeddent yn ei fyw. Un nos Sadwrn, aeth y ffrind a'i gariad i aros at Marks i'r bwthyn lle trigai'r Cymro ger Rhydychen. Aeth y cyfaill adref y bore wedyn, sef bore dydd Sul, neu o leiaf, dyna a gredai. Mewn gwirionedd, roedd hi'n fore dydd Mawrth.

Mariwana ac ambell i ddot o LSD mewn lwmp o siwgr oedd deunydd Marks, ac yn ogystal â'i ddefnyddio ei hun dechreuodd ei werthu am £3 y tro. Er gwaetha'r ffaith i gyffuriau o'r fath gostio bywyd rhai fel y canwr Brian Jones o'r Rolling Stones, yntau hefyd yn Gymro, ac ŵyr Harold Macmillan, sef Josh Macmillan, tyfodd y ddau gyffur mewn poblogrwydd. Dechreuodd yr heddlu gynnal cyrchoedd llwyddiannus, yn eu plith *Operation Julie* – y cyrch mwyaf o'i fath yn y byd bryd hynny – yn ardaloedd Tregaron, Carno a Llundain yn 1977, gan gipio chwe miliwn dos o LSD gwerth £100 miliwn ynghyd ag £80,000 mewn cyfrifon banc yn y Swistir.

Dyma'r math o fyd y trigai Howard Marks ynddo pan ddaeth gyntaf i sylw'r DEA yn America. O hynny ymlaen bu'n frwydr bersonol rhwng Marks ac asiant o'r enw Craig Lovato, a dyngodd lw y byddai'n dal y Cymro. Lovato fyddai nemesis Marks.

Codi dau fys wnaeth Marks, a phrynu bwtîc yn Rhydychen. Ac yma y cymylir y dyfroedd wrth i Marks honni i MI6 ei annog i sefydlu canghennau eraill mewn gwledydd tramor er mwyn cadw golwg ar yr IRA. Gwelwyd ef yn rheolaidd mewn partïon yn Manhattan ac yn Llundain. Unwaith, ac yntau wedi ffoi tra oedd ar fechnïaeth, ymddangosodd ar lwyfan cyngerdd yn Llundain yng nghanol criw wedi eu gwisgo fel Elvis Presley. Ofnai Lovato bod Marks yn anghyffyrddadwy.

Aeth Marks ati'r adeg hon i smyglo 15 tunnell o fariwana o Golombia i Iwerddon, ond gan newid ei drefniadau ar y funud olaf a mynd â'r stash i'r Alban. Roedd digon o'r cyffur yno i greu 20 miliwn o sigaréts. Llwyddwyd i'w arestio eto, ond daeth yn rhydd wedi iddo ddadlau'n llwyddiannus ei fod yn cael ei dalu gan wasanaeth cudd Mecsico. Canfuwyd fod un gŵr yn gweithio iddo yn Amsterdam, a'i unig waith oedd derbyn galwadau ffôn i Marks a'u trosglwyddo iddo ble bynnag y byddai, ond gan greu'r argraff fod y dyn ei hun yn Amsterdam hefyd.

Fis Mawrth 1968, dilynodd Craig Lovato Marks i Dde Califfornia lle'r oedd y Cymro'n barod i symud saith tunnell o fariwana i borthladd ym Mecsico ac yna ymlaen i Galiffornia. Cynhaliwyd cyrch arno yng ngwesty'r Beverly Hills ond ni chanfuwyd dim, dim ond 50,000 doler – swm bach i Marks – ac un kilo o hash.

Yn ei gartref ym Majorca roedd pob un o'i deulu-yng-nghyfraith – brodyr a chwaer ei wraig – yn gweithio iddo erbyn hyn. Cadwai filiynau o ddoleri mewn banciau yn Ewrop ac yn Asia.

Daeth ei gwymp wedi iddo ddod yn ffrindiau â'r Arglwydd Moynihan, aelod o deulu bonedd a drigai mewn oferedd ar Ynysoedd y Pilipinas. Yn Bangkok, roedd yn berchen ar siop barbwr lle torrid gwallt yn un rhan o'r adeilad a lle gwerthai puteiniaid eu ffafrau yn y rhan arall.

Roedd Moynihan yn ffrindiau mawr â'r Arlywydd Marcos, arweinydd Ynysoedd y Pilipinas. Gyda help Marcos a Moynihan prynodd Marks 500 erw o dir ar gyfer tyfu mariwana ar ynys Fuga lle'r oedd maes glanio cyfleus. Disgwyliai wario hyd at 50 miliwn o ddoleri ar y gwaith. Ond arweiniodd cwymp Marcos yn anuniongyrchol at ddal Marks. Wedi i Moynihan golli ei noddwr, fe'i perswadiwyd gan y DEA i fynd at Marks i recordio sgwrs rhwng y ddau. Ar y tâp, cyfaddefodd y Cymro ei fod yn trefnu tri chyrch smyglo mawr bob blwyddyn. Twyllwyd un o ddynion Marks, sef ei frawd-yng-nghyfraith, Patrick Lane, i siarad hefyd. Arestiwyd Marks ynghyd â 22 o'i ddynion mewn pum gwlad wahanol. Estraddodwyd ef i Miami, ac yno ar 18 Hydref 1988 dedfrydwyd ef i garchar am 25 mlynedd. Serch hynny, ni ddarganfuwyd yr un ddoler anghyfreithlon o'i eiddo.

Rhyddhawyd Howard Marks yn gynnar a threuliodd y blynyddoedd diwethaf yn ymgyrchu dros gyfreithloni mariwana, gan ddal i greu chwedlau o'i gwmpas ei hun. Mae'n ŵr enigmatig, hawdd ei hoffi, yn un a allai hudo adar oddi ar ganghennau'r coed. Ond yn Arglwydd Moynihan, ymddiriedodd yn y person anghywir. Canodd yr aderyn hwnnw, ac o ganlyniad treuliodd Marks gyfnod helaeth mewn cawell.